Sandra Baggeler
—
Regenbogenzeit

Sandra Baggeler

Regenbogenzeit

Eine märchenhafte Reise für
Kinder und Erwachsene

mit Illustrationen von
Ulla Rother

EchnAtonVerlag

Die Autorin Sandra Baggeler ist unter folgender eMail-Adresse erreichbar:
pele@maerchentante-sandra.de

EchnAton-Verlag
Diana Schulz e.K. Frankfurt/a.M.
Alle Rechte vorbehalten. Das Werk darf
- auch teilweise - nur mit Genehmigung
des Verlages wiedergegeben werden.
Copyright © 2004 EchnAton-Verlag
1. Auflage: März 2004
Illustrationen: © Ulla Rother
Lektorat: Birgit Schönberger
Gesamtherstellung: Diana Schulz
Druck: Druck-und Verlagshaus Zarbock
GmbH & Co. KG Frankfurt/a.M.
Printed in Germany
ISBN 3-937883-00-2

Für Pele,
die inneren Reichtum und
Lebendigkeit schenkt,
damit unsere Schmetterlinge
wieder fliegen können.

Vorwort

Die Märchen beinhalten Geschichten von Personen, die in verschiedenen Prozessen, Prüfungen und Herausforderungen den Kampf gegen das Böse meistern. Unterstützung erhalten sie von guten Mächten oder Weisen. „Regenbogenzeit" weckt die Hoffnung, setzt neue Energie und Impulse frei.

In der heutigen „lauten und hektischen Zeit" wird die Bedeutung der alten Tradition des Geschichtenerzählens wieder wichtiger, als je zuvor!

Die Sehnsucht nach den Erinnerungen wartet doch in jedem Erwachsenen nur darauf, aus ihrem Schlummer erweckt zu werden.

Allen Kindern und auch dem "Kind in uns" wünsche ich viel Spaß und eine märchenhafte Reise.

Howard Carpendale

Danksagung

Liebe Diana Schulz, von Herzen Danke für unsere intensive, ehrliche, tiefe und humorvolle Zusammenarbeit. Ich danke Dir besonders für die Umsetzung, dass meine Vision ein ergänzendes Puzzleteil Deiner Vision gewesen ist! Und freue mich mit Dir, als meine Verlegerin, weitere Visionen mit Leben zu füllen.

Liebe Ulla Rother, unsere Verbindung, Illustrieren und Schreiben, ist für mich immer wieder aufs Neue eine faszinierende Ergänzung und darüber hinaus schätze ich unsere wertvolle Freundschaft. Ich freue mich mit Dir weiter zu wachsen. DANKE.

Lieber Howard Carpendale, es ist der richtige Moment, um Dir zu sagen: Vielen Dank für Dein Vertrauen und dass Du nicht aufgehört hast mich zu fragen, wann mein Buch verlegt wird.

Liebe Birgit Schönberger, Ihnen danke ich als meine Lektorin, für Ihr Feingefühl, Ihre Geduld und Ihren Ideenreichtum, mit dem es möglich war, die Geschichten rund zu schreiben.

Lieber Papa, Hans-Hubert Baggeler, aus tiefstem Herzen DANKE für unsere geistige Verbundenheit, für Deine Liebe, Deine Kraft und für das, was ich für mein Leben durch Dich erfahren habe.

Liebe Mama, Annelie Baggeler, aus tiefstem Herzen DANKE für Deine Liebe, Deine Kraft und dafür, dass Du mich von der ersten

Schriftstellersekunde bekräftigt hast meinen Weg zu gehen. Ich danke Dir für das, was ich für mein Leben durch Dich erfahre.

Lieber Christian Baggeler, aus tiefstem Herzen DANKE, besonders für Deine Worte, mit denen Du es für mich immer auf den Punkt bringst. Für die Zeit, die wir gemeinsam verbringen, in der Du einfach fühlst, was ich brauche.

Liebe Ingrid Finger, besonders danke ich Dir für die systemischen Nächte, durch die es mir möglich war, meine Sichtweisen zu erweitern und zu wachsen. DANKE, dass Du im richtigen Zeitpunkt für mich da bist und „Pele" mitgeboren hast.

Lieber Uwe Trevisan, Dir danke ich für die richtigen Impulse im richtigen Moment. Für Deine kreativen Ideen, Deine Überzeugungskraft und Deine liebevolle Unterstützung.

Lieber Klaus Biedermann, von Herzen Danke, dass ich durch Dich ein neues Gefühl meiner natürlichen Ordnung erfahren habe. Ich danke Dir dafür, dass Du mich jederzeit bestärkt hast.

Lieber Tobias Schulze, ich danke Dir von Herzen für Deine beratende Tätigkeit. Für viele Momente, in denen Du mich unterstützt und keine Ausreden hast gelten lassen.

Ich danke auch: Hans-Peter Ollig, Timur Halfin, Marietta Schmidt-Kalter, Ulla Kaus, Andreas und Bettina Zimmermann, dass Ihr mich auf meinem Weg unterstützt habt.

Peles Regenbogenland

er Postbote drückt auf die Klingel des Hauses Nr. 7 in der Südstrasse. Gleichzeitig...

... schellt das Telefon und im Radio läuft ein schriller Werbespot. Der Wasserkessel pfeift in der Küche und ruft:
«Mir ist warm. Stell mich sofort von der heißen Herdplatte, sonst koche ich über.»
«Was für ein Montagmorgen, da fängt die Woche ja schon richtig an!», stöhne ich und greife mir dabei an den Kopf. Zuerst schnappe ich mir den Telefonhörer, um meinen Anrufbeantworter abzuhören, sprinte gleichzeitig mit dem schnurlosen Telefon zur Tür und nehme dem ungeduldigen Postboten mein Paket ab.
O.k., jetzt in die Küche zum Wasserkessel!
«Ja, ist ja schon gut, du drängelnder Wasserkessel, bin ja schon da», fauche ich ihn an.
«Weißt du eigentlich, wo mein Zimttee ist?»

«Der Mann schaut ja vielleicht komisch aus!»
Jetzt höre ich auch noch Stimmen. Ja klar, kann ich mir gut vorstellen, dass ich komisch aussehe. Irgendwie fühle ich mich beobachtet und schaue mich in meiner Wohnung um.
Der Stress, denke ich, das ist nur der Stress. Hier kann überhaupt niemand sein. Im gleichen Moment rutscht mir das Paket aus der Hand.
«Warum macht er nur alles gleichzeitig? Na hoffentlich ist im

Paket nix kaputt gegangen». Verdutzt schaue ich mich wieder um. Stimmt, das fehlt mir jetzt noch!
Führe ich Selbstgespräche? Oder ist hier noch jemand? Auf alle Fälle hat die Stimme Recht mit dem, was sie sagt.

Vorsichtig mache ich die Tür auf, um sicher zu gehen, dass keiner hinter meiner Küchentür steht. Da ist niemand, war ja klar, wer sollte auch schon hinter der Tür stehen und mich beobachten? So ein Quatsch, beruhige ich mich, hebe mein Paket vom Boden auf und lege es auf den Tisch. Jetzt endlich schiebe ich den Wasserkessel von der Herdplatte. Dann reiße ich hektisch die Verpackung auf, um nachzusehen, ob der Inhalt noch heil ist.

«Na, das ist ja noch mal gut gegangen, da haste echt Glück gehabt», sagt eine Stimme. «Setz dich doch einfach mal auf deinen Hintern.»
«Verflucht noch mal, ist hier jemand? Hallo? Statt immer irgendwelche Kommentare abzugeben, kannst du dich mal zeigen, damit ich weiß, mit wem ich es da zu tun habe!» rufe ich äußerst gereizt.
«Ja stimmt, ich habe Glück gehabt, es ist nichts zerbrochen. Zufrieden?» Ich lausche einen Moment in die Stille hinein, aber es kommt keine Antwort.
«Gut, jetzt mache ich mir meinen Tee und setze mich für ein paar Minuten einfach nur mal hin», befehle ich mir. Ab jetzt mache ich eins nach dem anderen. Schön der Reihe nach.
Jetzt gucke ich aus dem Fenster und sonst gar nichts. Mein Gott, ist das schwer. Nur aus dem Fenster zu schauen! Geht gar nicht. Mein Kopf rattert: Brief zur Post bringen, Mama zurückrufen......

«So ist es schooon viel besser!» sagt die Stimme. Ich drehe mich wieder um und bin fassungslos. Vielleicht sollte ich mal zum Ohrenarzt gehen oder zum Optiker, denn wenn ich auf das Fenster schaue, spiegelt sich dort ein kleines Mädchen, das mam-

pfend ein Schokoladencroissant aufisst. Für einen Moment hält auch sie inne. Dann ertönt von Ferne eine schöne Melodie. Das Mädchen lauscht und schwebt dann davon.
Ich bin total verwirrt. Bleib ganz ruhig jetzt! Geht gar nicht! Eben hat sich in meinem Fenster ein kleines mampfendes Mädchen gespiegelt und jetzt ist es weggeflogen. Ich fasse mir an die Stirn. Bestimmt habe ich Fieber. Die Stirn ist kalt. Nee, komm, denk jetzt nicht weiter darüber nach, das macht alles sowieso keinen Sinn. Das kann ich sowieso niemandem erzählen: Ich werde von einem kleinen Mädchen beobachtet. Sie klebt an meinem Fenster, ist rotzfrech, mampft ein Croissant und gibt zu allem ihren Senf. Außerdem kann sie fliegen. Meine Freunde werden mich besorgt angucken und sagen: Du brauchst Urlaub. Du bist ein bisschen überarbeitet.

Stimmt ja auch. Ich bin tatsächlich überarbeitet. Am besten trinke ich noch einen Zimttee. Meine Augen werden auf einmal ganz schwer und fallen zu. Es ist, als wenn ich in einen tiefen Schlaf falle und dabei einen merkwürdigen Tagtraum erlebe.

Ich sehe das kleine Mädchen, ihr wisst schon, die mit ihrem Schokocroissant aus meiner Fensterscheibe. Und ich höre, wie eine beruhigende Stimme mir erzählt:

Im Regenbogenland, in dem das Mädchen Pele geboren ist, hat jede Farbe eine eigene Quelle. Diese Quellen werden von den Regenbogenfrauen gefüllt. Das Ritual des Füllens geben die Mütter an ihre Kinder weiter und diese wiederum an ihre Kinder. So ist das schon seit langer, langer Zeit. Jeden Tag wird zuerst die rote Quelle gefüllt, dann die orangenfarbene, die gelbe, die grüne, die hellblaue, die türkise und zuletzt die lilafarbene. Dabei sitzen die Regenbogengroßmütter, Mütter und auch die Kinder im Kreis um die Quelle und stellen sich die Farben in ihrer Gedankenwelt ganz deutlich vor. Sie halten ihre Augen dabei geschlossen und singen wunderschöne Melodien, die so feurig sind wie die Farbe rot und so frisch und klar wie die Farbe türkis. Dadurch füllen sich diese Quellen auf. Jede Farbe hat nicht nur ihre eigene Ursprungsquelle, sondern auch ein Fenster.

«Das Fenster ist sozusagen für die Farbe die Tür zur Welt. Die Farben verteilen sich schwebend durch das Fenster überall dorthin, wo sie gebraucht werden.»
«Und woher weiß die Farbe, wo sie hinfließen soll?» hat Pele ihre Mama eines Tages gefragt.
«Die Farbe folgt ihrem Gefühl und hilft uns, die Aufgaben zu erfüllen, an denen wir wachsen sollen. Jede Farbe fühlt sich nicht nur unterschiedlich an, sondern hat auch ihre eigene Wirkung.»
Pele hat sich alles ganz genau gemerkt. Sie ist wild entschlossen, bei ihrer nächsten Aufgabe die Farben zu Hilfe zu rufen. Seit diesem Tag weiß Pele nicht nur, dass jede Farbe auf ihre Weise wirkt, sondern auch, dass jeder von uns verschiedene Aufgaben zu erledigen hat.
Als Pele an jenem Montagmorgen an der roten Quelle angekommen ist, setzt sie sich in den Kreis der Regenbogenfrauen, schließt ihre Augen und stellt sich ganz fest die Farbe rot vor. Sie spürt, wieviel Kraft und Stärke sie dadurch bekommt und im selben Atemzug weiß sie, was ihre nächste Aufgabe ist.

Mein Kopf ist zu klein für die Pele-Regenbogen-Geschichte. Ich verstehe das alles nicht. Aber mein Herz hüpft vor Freude, wenn ich an die wunderschönen Farben im Regenbogenland denke.

Plötzlich werde ich von einem Hundebellen aus meinem Traum gerissen. Ich reibe mir die Augen. Ich sitze immer noch an meinem Schreibtisch vor meinem Zimttee, der inzwischen kalt geworden ist. Ich schaue aus dem Fenster. Da ist ein kleines Mädchen. Komisch. Was ich jetzt brauche, ist eine kurze Schaffenspause. In aller Ruhe schaue ich aus dem Fenster und denke weder an das,

was gestern war, noch an das was morgen sein kann.
Ich beobachte einfach, was gerade in diesem Moment um mich herum passiert: Wie die Regentropfen gleichmäßig gegen meine Scheibe prasseln ...
... und da, ganz plötzlich blinzelt die Sonne zwischen den Wolken hervor und zerteilt ihr Sonnenlicht in verschiedenfarbige Streifen, die einen Halbkreis formen.

«Ein Regenbogen!», rufe ich und strahle dabei genauso wie die herrlichen und kräftigen Farben vor mir. Ich konzentriere mich nur noch auf den Regenbogen und blende alles andere aus.

Der Halbkreis umschließt die Häuser und ihre Gärten, die allmählich vor mir verschwinden. Jede Farbe leuchtet für sich und doch bilden sie eine Einheit. Wenn ich ganz genau hinschaue, kommt mir das Rot viel leuchtender vor als die anderen Farben. Ja genau, irgendwie viel intensiver und ich spüre, wie ich schon beim bloßen Hingucken, mehr Energie und Kraft bekomme. Meine Augen fangen plötzlich an zu zucken, weil sich irgendetwas auf dem roten Farbstrahl bewegt. Schemenhaft sehe ich etwas auf mich zukommen. Dann höre ich auch eine Stimme.

«Haaaaaaaalllllllllllo, ich bin´s!»
«Pele aus dem Regenbogenland!», ruft das kleine Etwas mit der quirligen Stimme, während es winkend auf mich zuläuft. Mit einem Satz springt das Wesen mir wie ein Bündel wildgewordener Flöhe in die Arme. Die Kleine aus dem Regenbogenland lacht mich voller Neugierde an. Wenn sie lacht, dann lacht ihr ganzes Gesicht einschließlich ihrer Ohren. Ihre grünen Augen funkeln.

Ich bin völlig sprachlos und verstehe gar nichts mehr, während ich verwirrt ein kleines Mädchen auf dem Arm halte und wie in Trance wieder auf den Boden absetze.
«Ich habe dich vom Regenbogenfenster aus sehen können. Vor

lauter Arbeit hast du gar keine Zeit mehr für dich gehabt. Das verstehe ich ja sowieso nicht, wie ihr das mit eurer Zeit macht. Bei uns ist das ja ganz anders. Würde ich dir gerne mal erklären, wenn du willst», plappert Pele ohne Punkt und Komma weiter.
«Entschuldige, vielleicht lässt du mich auch mal kurz zu Wort kommen», höre ich mich sagen, erleichtert darüber, dass ich endlich meine Stimme wieder gefunden habe.
«Pele, heißt du, aus dem Regenbogenland, richtig?» Ohne auch nur ihre Antwort abzuwarten, fahre ich fort.
«Na schön, Pele aus dem Regenbogenland, dann dreh dich doch einfach wieder um und gehe dahin, wo du Rot gesehen hast. Ich muss nämlich jetzt arbeiten und habe überhaupt keine Zeit und Lust auf irgendwelche Spielchen.» Meine Stimme klingt wütend und ich versuche krampfhaft die Situation unter Kontrolle zu bekommen. Vielleicht ist der Zimttee schlecht und ich fange daher an zu fantasieren.

«Warte mal, ne warte gar nicht, ich mache jetzt meine Augen zu und wenn ich sie wieder öffne, dann bist du verschwunden und ich sehe wieder normal», sage ich voller Überzeugung.
«Ich kann nämlich nur das sehen, was ich sehen will. Und ich will dich gar nicht sehen. Und das meine ich ernst!» Als ich meine Augen wieder öffne, schaut sie mich sanft an. Ihr Blick trifft direkt in mein Herz.
«Es ist nämlich so...»
Ich unterbreche sie sofort und wiederhole dabei ihre Worte:
«Es ist nämlich so, dass ich dich immer noch sehen kann, aber dich nicht sehen will. Meine Pause ist vorbei und ich habe dir gesagt, dass ich keine Zeit habe, mich mit dir zu unterhalten», und wende mich von ihr ab, um Peles sanftem Blick auszuweichen.

Pele holt dreimal tief Luft und denkt dabei ganz fest an die Farbe Rot.
«Es ist nämlich so: Ich stehe vor dir, weil du mich sehen willst und

du kannst deine Augen schließen so oft du willst, doch du wirst mich immer wieder sehen.» Während ich ihre Worte höre, halte ich zusätzlich meine Ohren zu.
«Du sagst, du willst mich nicht sehen und auch nicht hören. Ich bin aber jetzt da. Tut mir leid, dass ich so einfach in dein Leben reingeplatzt bin ohne dir vorher Bescheid zu geben. Würdest du mir vielleicht eine Sekunde zuhören?» fragt sie ganz frech.
Ich drehe mich, neugierig wie ich nun mal bin, zu ihr hin und nehme meine Hände von den Ohren.
«O.k., eine Sekunde hast du ab jetzt!»
«Regenbogenfenster!» sagt sie daraufhin schnell und ich steige ohne nachzudenken darauf ein.
«Wie Regenbogenfenster? Verstehe ich nicht, was du damit meinst!»
«Ich habe dir ja vorhin gesagt, dass ich dich von unserem Regenbogenfenster aus entdeckt und gesehen habe, dass du vor lauter Arbeit gar keine Zeit mehr für dich hast.»
«Deine Sekunde ist vorbei!», versuche ich sie zu unterbrechen.
«Ich habe Wort gehalten, weil ich *Regenbogenfenster* gesagt habe, das war genau eine Sekunde und dann hast du mich gefragt, was ich mit Regenbogenfenster gemeint habe.»
Unbeirrt spricht Pele jetzt weiter.
«Du hast gar keine Zeit mehr für dich. Immer schaust du nur nach außen, anstatt mal in dich hineinzuschauen. Und eigentlich hast du mich gerufen und nicht ich dich, weil du dir einen Moment Zeit für dich genommen hast. Nur deshalb konntest du den Regenbogen sehen, weil du in dein Herz geschaut hast.»
Pele ist mächtig stolz auf sich. Es funktioniert. Die rote Farbe wirkt tatsächlich.

«Aha, so ist das also. Du bist Pele aus dem Regenbogenland und meinst mir gerade verkaufen zu können, dass ich mir mehr Zeit für mich nehmen sollte, um in mich hineinzuhören. Ist ja seeehr interessant! Wann hast du dir denn das ausgedacht?» frage ich

völlig außer mir.
«Vorhin an der roten Quelle, habe ich genau gespürt, dass es meine nächste Aufgabe ist, dich auf deinem Weg zu begleiten!» sagt Pele mit fester Stimme.
Sie sagt die Wahrheit. Das spüre ich sofort. Aber das kann ich nicht zugeben. Um mir keine Blöße zu geben sage ich:
«Alles klar, an der roten Quelle. Verstehe und du kommst also aus dem Regenbogenland. Ich glaube dir kein Wort.»
«Und das glaube ich dir nicht!» sagt Pele, weil sie schon längst gefühlt hat, dass ich jetzt schwindele.
«Es ist nämlich so», beginnt Pele ein drittes Mal.
«...vor lauter Arbeit hast du gar keine Zeit mehr für dich gehabt. Das verstehe ich ja sowieso nicht, wie ihr das mit eurer Zeit macht. Bei uns ist das ja ganz anders!»

...und dann erfahre ich, dass Pele keine Zeit kennt.
Wisst ihr, das ist nämlich so: Da wo Pele zu Hause ist gibt es keine Uhren, wie wir sie kennen. Im Regenbogenland hat jeder Zeit. Alle, die dort leben, verschwenden nicht einen Gedanken daran, was sie vor so und so vielen Jahren in ihrem Leben mal verpasst haben oder ob sie sich geärgert haben. Sie denken auch nicht ständig darüber nach, was sie in den kommenden Tagen alles zu tun haben werden.

«Pass mal auf, ich zeige dir das jetzt mal», verkündet Pele.
«Setz dich einfach mal so hin, wie ich jetzt und atme in deinen Bauch. Dein Bauch wird dann dicker, weil du Luft einatmest und dann fangen viele Schmetterlinge in deinem Bauch an zu fliegen. Damit sie fliegen können, brauchen sie ganz viel Luft und Platz. Und deshalb ist es wichtig, dass du so in deinen Bauch atmest. Genauso!», sagt sie voller Stolz. Und dann sehe ich sie lachen, wie anfangs schon gesagt, sogar ihre Ohren lachen mit.

«Du meinst also, ich atme einfach nur tief in meinen Bauch und

stelle mir vor, dass die Schmetterlinge mehr Platz zum Fliegen haben?» frage ich sie ungläubig, weil mir das zu einfach erscheint.
«Hast du noch nie davon gehört, dass Dinge im Leben ganz einfach sind», antwortet Pele mir.
Ich bin baff. Sie hat meine Gedanken gelesen.
«Mach noch mal. Kannste schon fühlen, wie sie fliegen?»

So sitze ich also neben einem kleinen Mädchen, dass mir mit leuchtenden Augen zeigt, wie sich mein Bauch mit jedem Einatmen nach außen wölbt, sich mit Luft füllt und wieder zurück bewegt, wenn ich ausatme.

Wisst ihr, warum es so wichtig ist tief in den Bauch zu atmen?
Pele würde euch jetzt wie ein Wasserfall ganz aufgeregt erzählen, dass die Schmetterlinge ...
«Also, pass auf, die Schmetterlinge wohnen in deinem Bauch und sie brauchen...»
«Platz zum Fliegen», beende ich den Satz.
«Genau, siehst du, ist doch ganz einfach, wie ich dir vorhin schon gesagt habe. Und warum brauchen die Schmetterlinge Platz zum Fliegen?» fragt sie und sieht mich dabei so durchdringend an, als würde sie gerade in mich hineingucken. Verlegen zucke ich mit den Schultern. Darauf habe ich einfach keine Antwort. Aber Pele: «Schmetterlinge sind leicht. Und sie sind deshalb so leicht, weil sie ganz schnell und fein fühlen können, ob etwas für dich gut oder schlecht ist. Wenn du ihnen keinen Platz zum Fliegen lässt, dann können sie nicht wahrnehmen, wie du dich fühlst. Ganz einfach!»

Ziemlich beeindruckt beobachte ich sie aus meinen Augenwinkeln. In einer pinken Latzhose und weißem T-Shirt mit bunten Punkten steht sie vor mir und erzählt mit Händen und Füßen. Vor lauter Aufregung hat sie fast immer rosa Wangen. Besonders wichtige Dinge betont sie, indem sie ihre kleinen Hände zu Fäusten ballt und in ihre Hüften stemmt. Ihre braunen Haare

stehen vorwitzig wie Antennen in alle Himmelsrichtungen. So, als würden sie darauf warten, das nächste Geheimnis zu entdecken.
«Und wenn sie nicht wahrnehmen können, wie du dich fühlst, dann weißt du nicht, was du brauchst, um dich gut zu fühlen.»
Und damit endet unsere erste Begegnung. Pele verabschiedet sich von mir und ich umarme sie ganz spontan.
«Und? Willst du mich jetzt wiedersehen?» fragt sie mich mit ihrem Lachen und den leuchtenden Augen.
«Gerne, vielleicht kannst Du mich bald einmal ins Regenbogenland mitnehmen, wenn das geht?»
«Versprochen!», sagt sie und schwebt auf geheimnisvolle Weise wieder zurück ins Regenbogenland.

Wochenlang denke ich über ihre Schmetterlings-Wahrheit nach. Und sie hat Recht.
Ganz einfach: Wenn ich mich so durcheinander fühle und gar nicht mehr weiß, was eigentlich los ist, dann fallen mir ihre Worte ein. Ich atme tief ein und aus. Im gleichen Moment spüre ich, wie meine Bauchschmetterlinge ihre Flügel ausbreiten und ganz fein ausfindig machen, wie ich mich fühle und was genau ich brauche.

Genau und jetzt brauche ich erst einmal wieder einen Tee, denke ich, aber auf jeden Fall muss es der Zimttee sein.
Wieder sitze ich mit meinem Tee am Fenster und beginne tief in meinen Bauch zu atmen, damit, na ihr wisst schon, damit meine Schmetterlinge fliegen können. Als diese zum Rundflug ansetzen, fühle ich deutlich, wie sehr ich Pele vermisse.

«Hallo, Pele, falls du mich hören kannst, ich wünsche mir so sehr, dich wiederzusehen!» flüstere ich. Und in diesem Augenblick befinde ich mich auch schon im Regenbogenland. Ein einziger Gedanke hat mich hierher gebracht.

Pele erwartet mich bereits. Verwundert und überglücklich schnap-

pe ich mir Pele und drücke sie fest an mein Herz.
«Hallo Pele, wie schön dich zu sehen! Hast du das gesehen?» frage ich ungläubig.
«Was? Dass du durch deine Gedankenkraft ins Regenbogenland gekommen bist?», lacht sie. Endlich sehe ich ihr Lachen wieder und ihre Ohren scheinen auch immer noch mitzulachen.
«Na, dann ist ja alles beim Alten», schmunzle ich.
«Was meinst du denn?»
«Och nix, Pele, ich bin so froh, dass ich dich wiedersehe!»
«Komm mit, dann zeige ich dir die vielen schönen Dinge, die ich entdeckt habe», und damit meint Pele nicht irgendwelche Dinge, sondern Dinge, die ihr wirklich wertvoll sind.

«Unser Regenbogenland hat verschiedene Fenster», dabei greift ihre kleine Hand nach meiner und wir spazieren durch ihr Regenbogenland. Während sie weiterspricht stehen wir vor einem Fenster, von dem aus wir unsere gemeinsame Reise starten. Das kleine Mädchen klettert auf einen Baum direkt vor dem Fenster, damit sie besser sehen kann und nun schaue auch ich hindurch.

Ich sehe mich in meinem Büro sitzen. Tag ein, Tag aus. Vor lauter Pflichten bleibt gar keine Zeit mehr für die vielen schönen Geschichten, die das Leben für uns bereit hält, erkenne ich plötzlich. Das wird sich von nun an ändern!
Wenn ich will, kann ich ab jetzt jederzeit Pele in ihrem Regenbogenland besuchen.

Die rote Quelle

Die erste Quelle, die mir Pele voller Stolz zeigt, ist natürlich die rote Quelle.

«Weißt du, warum ich dir die rote Farbe zuerst zeige?» fragt sie mich.
«Weil ich dich auf dem roten Farbstrahl zum ersten Mal gesehen habe, vielleicht?» antworte ich etwas zögerlich. Pele nickt grinsend und zieht mich mit ihrer unbändigen Energie einfach mit sich zur roten Quelle. Stellt euch das grünste Grün vor, dass ihr je gesehen habt! In einer grünen Baumlandschaft erkenne ich eingebettet in Gras mit unzähligen Blumen etwas, dass aussieht wie ein Teich. In der Mitte des Teiches sprudelt eine Quelle in kräftigem Rot. Der Teich sieht auf den ersten Blick aus wie Wasser, doch im Regenbogenland bestehen die Quellen aus farbigem Nebel.

Pele und ich bleiben einige Meter vor der Quelle stehen und sie fragt mich leise:
«Willste dich hinsetzen? Ich setze mich immer hier ins Moos und gucke mir einfach den roten Nebel an, wie er aus dem Fenster fliegt.»
Was für ein Fenster? Frage ich mich und setze mich neben Pele ins Moos. Ich schaue dem Nebel hinterher, wie er aus der roten Quelle aufsteigt. Und da, rechts zwischen den Bäumen entdecke ich tatsächlich einen roten Fensterrahmen. Der Nebel bewegt sich

fast tanzend und ganz von alleine durch das Fenster. Die Vögel zwitschern um uns herum, die Sonne scheint und die Bäume bieten uns ausreichend Schatten.

Ich drehe meinen Kopf zu Pele, weil mir eine Frage unter den Nägeln brennt:
«Als ich dich zum ersten Mal auf dem Regenbogen gehen gesehen habe, warum war das Rot leuchtender und strahlender als die anderen Farben?»
«Na, weil ich vorher an der roten Quelle gesessen und gespürt habe, dass meine Aufgabe ist, dich zu deiner inneren Welt zu führen. Die Quellen in unserem Regenbogenland sind so was wie Krafttankstellen. Du atmest den Nebel in der Farbe, die du brauchst ein und spürst, wie sich deine Kraft auffüllt. Ganz ehrlich. Probier mal!»

Und dann passiert etwas, was mich überrascht.
Ich sitze also vor der roten Quelle, atme einige Atemzüge ein und wieder aus, so wie Pele es mir beigebracht hat und erinnere mich plötzlich zurück an meine Kindheit. Ich sehe, wie ich als kleiner Junge in die Schule gegangen bin und beobachte mich, wie ich mit den Jungs und Mädchen in mein Klassenzimmer laufe. Ich rieche sogar den Geruch der Schule und höre die Schulglocke läuten. Auf meinem Platz sitze ich dort im Deutschunterricht. Genau wie damals spüre ich den Druck in meiner Magengegend, weil wir ein Diktat schreiben. Ich habe Diktate gehasst, wie die Pest. Jedes Mal hatte ich Angst davor zu vergessen, was wir gelernt haben. Vor lauter Angst habe ich ganz schwitzige Hände bekommen und mein Magen hat sich zusammengezogen. Ich weiß nicht, ob ihr so ein Gefühl kennt, manchmal war es sogar so schlimm, dass ich gar nicht mehr denken konnte. Und weil ich oft schlechte Noten geschrieben habe, hatte ich jedes Mal mehr Angst vor der nächsten Arbeit.

Einmal war ich vor lauter Angst wie gelähmt und habe mich an nichts mehr von dem erinnert, was wir gerade vorher noch geübt hatten. Ich fühlte mich so schlecht, traurig und alleine, dass ich am liebsten geweint hätte. Aber als Junge weint man ja nicht, sonst hätten mich die anderen bestimmt ausgelacht und das wäre für mich noch schlimmer und peinlicher gewesen.

Pele konnte sehen, wie ich klein und verängstigt in meiner Schulbank saß. Meine Erinnerungen spiegelten sich in der roten Quelle. Pele konnte jedes Detail sehen wie in einem Film.

Tröstend legt sie ihre kleine Hand auf meinen Arm.
«Ich habe mich auch mal nicht getraut zu weinen, weil ich nicht wollte, dass die anderen mich auslachen. Dabei habe ich die ganze Zeit versucht meine Tränen runterzuschlucken und das hat mich noch trauriger gemacht. Erst als ich dann abends ins Bett gegangen bin, habe ich geweint und bin darüber eingeschlafen. In der Nacht habe ich einen ganz tollen Traum gehabt, die kleinen Tränen haben nämlich mit mir gesprochen.
Willst Du wissen, was sie mir gesagt haben?»

Ich nicke und bin gespannt, welche Botschaft meine Freundin aus dem Regenbogenland im Traum von den kleinen Tränen bekommen hat...

Die Kraft der kleinen Tränen

s war einmal vor langer, langer Zeit...

Nein!
Das stimmt ja gar nicht.
Die Geschichte der kleinen Tränen ereignet sich heute genauso, wie sie sich damals auch schon ereignet hat...

Am Besten ist es wohl, wenn wir die kleinen Tränen selbst mal fragen, ob sie uns ihre Geschichte erzählen möchten:

«Liebe kleine Tränchen, bitte erzählt uns von euren wundersamen Geheimnissen!», frage ich mein Herz, wo die kleinen Tränen zu Hause sind.

Hast du gewusst, dass die Tränen im Herzen wohnen?
Ja, ich weiß, du hast es gewusst!
Viele Erwachsene wissen das nämlich nicht mehr.
Sie wollen sich daran nicht mehr erinnern und denken die Tränen wohnen in den Augen.
Manche Erwachsene denken nicht darüber nach, dass die Tränen in den Augen gar keinen Platz haben, um zu leben.

Aber hören wir einfach mal, was die kleinen Tränen zu erzählen haben:

«Hallo. Ich bin die kleine Träne.
Gemeinsam mit meinen anderen Tränen-Geschwistern wohnen wir in jedem Herzen, das schlägt.
Manche Herzen haben einfach aufgehört zu schlagen und dort sind viele Tränen eingetrocknet, die darauf warten wieder zu kullern.

Wieso manche Herzen aufgehört haben zu schlagen, wollt ihr sicher wissen?

Die Herzen schlagen natürlich noch und ihr könnt ihr Pochen hören, doch sie fühlen nichts mehr.
Das Pochen des Herzens im Körper ist sehr wichtig für die anderen Organe, denn mit jedem Pochen, pumpt das Herz Blut durch den Körper.
Das Herz hat noch eine andere Aufgabe, welche genauso wichtig ist, wie das Pumpen des Blutes:

Das Herz kann fühlen! Es fühlt, was ihr fühlt.

Wenn ihr euch ganz doll freut, weil ihr mit euren Freunden viel Spaß beim Spielen habt oder ihr zum ersten Mal alleine Fahrrad gefahren seid, dann könnt ihr spüren, wie eurer Herz vor Freude hüpft.

Wenn ihr wütend oder sauer auf jemanden seid, weil er euch verletzt hat, dann könnt ihr spüren, dass das Herz aufgeregt hin und her springt.

Wenn ihr Angst habt oder euch einsam fühlt, dann wird das Herz ganz schwer.

Wenn ihr traurig seid, dann möchte euer Herz weinen.

Wenn ihr weint, rollen wir, die kleinen Tränen aus den Augen, über

die Wangen und manche laufen den Hals hinunter oder werden von einem Taschentuch getrocknet.
Dann könnt ihr uns sehen.
Die kleinen Tränen.
Andere können eure Tränen auch sehen und trösten euch liebevoll, indem sie den Arm um euch legen.

Das Herz wird durch die Tränen erleichtert.
Und genau das ist unsere Aufgabe!
Wir, die Tränen, laufen übers Gesicht und kommen dabei tief aus dem Herzen.
Die Augen sind die Türen des Herzens, durch die wir laufen, um gesehen zu werden.

Eine kleine Träne hat so viel Kraft in sich.
Sie erfordert Mut, um geweint zu werden.
Die kleine Träne zeigt viel mehr Stärke, als Schwäche.

Wenn ihr Menschen sagen hört: "Indianer weinen nicht!",
glauben sie, wenn sie weinen, wären sie gleich eine Heulsuse, die schwach ist.
Und das will ja eigentlich niemand sein.

Oder?

Die Menschen, die denken, ich darf nicht weinen, bei denen pumpt das Herz oft nur noch das Blut durch den Körper.
Sie haben verlernt zu weinen.
Sie wissen nicht mehr wie es ist zu weinen, wie erleichtert sich das Herz anfühlt, wenn es Tränen geweint hat.

Stellt euch mal vor, ihr habt einen Koffer, den ihr mit allen Lieblingsspielsachen voll packt und wenn ihr neue Spielsachen findet, packt ihr sie immer weiter in den Koffer.
Irgendwann wird der Koffer auseinanderplatzen, weil nichts mehr

in ihn hinein passt. Ihr werdet manches Spielzeug nicht direkt finden können, weil es vielleicht ganz unten im Koffer liegt.
Und manches Spielzeug benutzt ihr vielleicht auch nicht mehr, weil es kaputt ist oder etwas anderes euch besser gefällt.

Was macht ihr also, damit der Koffer nicht aus seinen Nähten platzt?

Genau!

Ihr schaut hinein und räumt den Koffer auf.
Was ihr nicht mehr braucht, bleibt auch nicht mehr im Koffer. So platzt er nicht und ihr werdet immer finden, wonach ihr sucht.
Da in diesem Koffer ja nur eure Lieblingsspielsachen sind, ist es wichtig gut darauf aufzupassen, dass ihr nichts verliert oder jemand euren Koffer wegnimmt.

Ihr seid also so etwas, wie die „Kofferbeschützer".

Jeder Kofferbeschützer hat seinen eigenen Platz, wo er seinen Koffer versteckt hält.
Und natürlich sehen nicht alle Koffer gleich aus:
Es gibt Koffer, die sind blau, rot, gelb oder auch bunt.
Manche haben ein extra Band um ihren Koffer gebunden oder einen Aufkleber und der Inhalt der Koffer ist so unterschiedlich, wie ihre Kofferbeschützer sie gepackt haben.

Genauso ist das mit den Herzen der Menschen.

Jeder Mensch hat ein anderes Herz und seine Art gefunden, sein Herz davor zu schützen, dass es nicht verletzt oder von jemandem weggenommen wird.
Vielleicht ist ja jemand einmal ausgelacht worden, als er so mutig war zu weinen und weil die anderen ihn ausgelacht haben, traut er sich jetzt nicht mehr zu weinen.

Wenn dieser Herzensbeschützer nun Jahre nicht mehr geweint hat, wird sein Herz genauso voll sein, wie der Koffer, der aus seinen Nähten platzt.
Sein Herz kann gar nicht mehr fühlen, weil es so überfüllt ist!

Könnt ihr euch vorstellen, dass es Menschen gibt, die Jahre nicht mehr eine einzige Träne geweint haben?

Aber irgendwann platzt dann einmal das Herz aus allen Nähten, weil es so vollgestopft ist, dass es das nicht mehr ertragen kann. Vielleicht sitzt dieser Jemand alleine in seiner Wohnung, weil er nicht will, das ein anderer seine Tränen sieht.

Ganz langsam tritt die kleine Träne aus der „Augentür".
Vielleicht bleibt sie einfach einen Moment lang im Auge stehen.

Könnt ihr spüren, wie tief diese kleine Träne mit dem Herzen verbunden ist?

Wieviel Freude diese Träne hat, dass sie dem Herzen endlich ein Stück Erleichterung bringen darf!

Wieviel Zeit sich die kleine Träne lässt, um über die Wange zu kullern!

Wieviel Mut sie besitzt, um sich ganz stolz, schön und glänzend zu zeigen!

Wenn sich das Herz durch eine kleine Träne schon so erleichtert fühlt, fragt sich dieser Jemand dann, wie befreit wird es sich erst anfühlen, wenn viele Tränen durch die Augen heraus kullern.

Nun vertraue ich euch unser Geheimnis an:

Jede kleine Träne ist es wert, geweint zu werden, weil sie zeigt, dass euer Herz lebt und fühlen kann!

Jede kleine Träne ist es wert, geweint zu werden, weil sie die Kraft besitzt zu zeigen, dass es viel mutiger ist, sich sehen zu lassen, als sich zu verstecken!

Jede kleine Träne ist es wert, geweint zu werden, wenn ihr von liebevollen Armen getröstet werdet und euer Herz spüren kann, dass es nicht alleine ist!

Jede kleine Träne ist es wert, geweint zu werden, weil sie andere Menschen erinnert, dass es noch Tränen gibt!

Jede kleine Träne ist es wert, geweint zu werden, weil es deine Träne ist!

Jede kleine Träne ist es wert, dass du sie mit Stolz weinst, weil es ihre Aufgabe ist, dein Herz zu befreien!»

Die gelbe Quelle

Nachdem wir uns an der roten Quelle gestärkt hatten, war ich immer noch ganz berührt von dem, was die kleinen Tränen Pele in jener Nacht im Traum erzählt haben. Eigentlich ist es doch viel, viel besser zu weinen, als meine Tränen runterzuschlucken, denke ich, während wir weiter durch das Regenbogenland spazieren.

Die Farben sind so fröhlich und leuchtend. Es kommt mir so vor, als würde die Sonne sie den ganzen Tag aufladen. Sogar das Sonnenlicht ist hier anders. Das Gelb ist viel intensiver. Und ich frage Pele, warum das so ist. Pele bleibt kurz stehen und zeigt nach rechts:
«Hier geht's zur gelben Quelle, deshalb ist die Sonne bei uns so strahlend gelb. Gleich zeige ich dir noch etwas ganz Besonderes. Da wirst du vielleicht Augen machen!», grinst sie mich verschmitzt an und zeigt dabei auf einen schmalen Weg vor uns.
«Mein Lieblingsweg, guck, ein Teppich aus kunterbunten Blumen.» erzählt Pele ganz aufgeregt.
«Damit ich die Blumen besser fühlen kann, laufe ich einfach barfuß.»
Ohne zu überlegen ziehe ich meine Schuhe und Socken aus.
«Hui, das kitzelt ja.» pruste ich. Pele und ich tanzen zusammen und lassen uns dann einfach auf den weichen Blumenteppich

fallen.

«Weißte eigentlich, dass jeder von uns einen Schutzengel hat?» fragt sie mich nach einer Weile und wenn Pele so spricht, dann weiß sie es ganz sicher. Ich weiß nicht genau, was ich auf diese Frage antworten soll und überlege angestrengt.

«Was sagt dein Herz?» Mit dieser Frage reißt mich Pele aus meinen Gedanken und trifft damit genau ins Schwarze.

«Och, mein Herz. Mh, gute Frage...», stammele ich.

«Mach mal deine Augen zu und stell dir ganz fest das schönste und hellste Gelb vor, das du mit geschlossenen Augen sehen kannst.»

Kaum stelle ich mir in meiner Fantasie das Gelb vor, sitze ich auch schon vor der gelben Quelle, ohne zu wissen, wie ich das wieder geschafft habe. Genau wie der rote Nebel, schwebt auch hier tanzend die Farbe Gelb. Das Gelb scheint direkt von der Sonne zu kommen.

«Toll», flüstere ich voller Begeisterung. Wir beobachten die gelbe Farbe und Pele erzählt mir, was sie einmal am gelben Fenster gesehen hat. Dort hat sie nämlich Laura beobachtet, wie sie einen Brief an ihren Schutzengel schrieb...

Liebesbrief an einen Schutzengel

aura lebt mit ihren Eltern in der Stadt. So oft sie kann, besucht sie an den Wochenenden ihre Großeltern auf dem Land. In Wiesenrod, einem kleinen Dorf, sind sie zu Hause. Da steht ihr Haus mit einem großen Garten davor. Für Laura dauert es meistens viel zu lange bis sie dort ist, denn Opa Paul und Oma Lisa haben Zeit und eine Menge gute Ideen, was man mit Enkelkindern so alles anstellen kann.

Opa Paul...
...war früher Lehrer und weiß über ganz viele Dinge Bescheid. Und was das Beste ist: Er kann sie sooo interessant erklären! Auch basteln kann Laura gut mit ihm, im Garten Gemüse und Salat anbauen und vieles mehr. Laura findet ihren Opa einfach klasse, besonders, wenn er klug über seine Brille schaut, die fast immer auf der Nase sitzt. Und wie viele andere alte Männer hat er graue Haare. Dabei weiß Laura eigentlich gar nicht, wie alt er wirklich ist. Aber so alt kann er gar nicht sein, findet sie, denn er hat immer irgendetwas zu tun und sitzt selten wie andere Opas im Sessel.

Oma Lisa...
... ist eine sehr liebenswerte Frau und mag alles, was mit Handarbeit zu tun hat. Sie kann stricken, häkeln und sitzt oft stunden-

lang an ihrer Nähmaschine. Früher hat sie einmal als Schneiderin gearbeitet. Oma Lisa ist wie Opa Paul immer aktiv und fertigt die schönsten Dinge an. Laura ist mächtig stolz auf sie.
Laura und Oma Lisa haben eine ganz besondere Gewohnheit: Abends, wenn die Großmutter Laura ins Bett bringt, zündet sie eine kleine, gelbe Duftkerze an und erzählt spannende Geschichten.

So ist es auch diesmal.
Kaum ist Laura ins Bett gestiegen, kommt die übliche Frage:
«Oma, erzählst du mir wieder eine schöne Geschichte?»
«Selbstverständlich. Dann mach es dir unter der Bettdecke mal richtig bequem!»
Wie immer ist Laura sehr gespannt. Sie mag Omas warme, angenehme Stimme. Wenn die Geschichte zu Ende ist, kann sie gut einschlafen und träumen.

Auch an diesem Abend flackert nebenan die kleine Duftkerze und macht das Zimmer gemütlich hell. Laura riecht ihren Vanilleduft sehr gerne. In ihre Bettdecke eingekuschelt, die Schmusekuschelkatze an sich gedrückt, erwartet sie eine neue Gute-Nacht-Geschichte.

Endlich beginnt Oma zu erzählen:
«Heute erfährst du wunderbare Dinge über Engel. Und das Schönste: Jeder Mensch hat einen Schutzengel, der auf ihn aufpasst. Also hat meine kleine Laura auch einen Engel, der sie beschützt. Schutzengel sind wie Gottes helfende Hände, die immer da sind und dir helfen, deinen Weg im Leben zu finden.»
Laura ist erstaunt und aufgeregt zugleich. Man sieht es an ihren weit geöffneten Augen.
«Ich möchte aber gerne wissen, wie mein Schutzengel aussieht. Was muss ich tun, damit ich ihn sehen kann?» fragt sie neugierig.
Oma Lisa denkt kurz nach, weil die Antwort auf eine solche Frage

nicht einfach ist. Dann lächelt sie:
«Deine Mama hast Du doch sehr lieb. Schliess mal deine Augen und denk ganz fest an sie. Kannst du sie spüren? Genauso kannst du deinen Schutzengel mit dem Herzen sehen. Engel bestehen aus ganz viel Licht und Liebe und brauchen keine Nahrung und Getränke wie wir Menschen. Wenn sie dir nahe sind, spürst du die wohlige Wärme, die von ihnen ausgeht. Stell dir vor: Dein Schutzengel trägt ein weißes Kleid und hat große Flügel aus feinen Federn. Wie alle Schutzengel hat er einen liebevollen Gesichtsausdruck. Wenn du an ihn glaubst und oft an ihn denkst, wirst du seine Nähe spüren!»
«Oma, woher weiß mein Schutzengel, dass er auf mich aufpassen soll und wo er mich findet?» fragt Laura gespannt.
«Dein Schutzengel ist schon bei dir, wenn du geboren wirst und begleitet dich auf deinem Weg durch das Leben. Er ist immer in deiner Nähe und breitet seine wunderbaren Flügel aus, um dich zu schützen. Abends wacht er an deinem Bett. Genau wie wir Menschen haben auch die Engel unterschiedliche Fähigkeiten. Und so kommen dem Schutzengel viele andere Engel zur Hilfe.
Es gibt Engel, die traurigen Menschen helfen, dass sie wieder lachen können. Wieder andere geben Kindern gute Spielideen oder freuen sich, wenn sie Fangen und Verstecken spielen. Das mögen Engel genauso gerne wie ihr Kinder.»

Laura ist begeistert als sie ausruft:
«Oooh, da bin ich aber froh! Sag mal, Oma, wenn das alles wahr ist, dann bin ich ja keine Nacht mehr alleine und brauche gar keine Angst zu haben.»
Darauf Oma Lisa:
«So ist es.» Und sie streichelt ihrer kleinen Enkelin zärtlich über die Haare. Dann pustet sie die Vanillekerze aus und hört nur noch ein leises:
«Danke, Oma!»
Laura ist eingeschlafen.

In dieser Nacht träumt sie von ihrem Schutzengel im hellen Lichtkleid, wie er seine großen feinen Federflügel um sie breitet.

Opa Paul und Laura haben im letzten Sommer ein Baumhaus gebaut. Darin stehen zwei blaue Stühle und ein kleiner Holztisch. Oma Lisa hat dazu eine Gardine aus kariertem Stoff genäht, die Laura vor das Fenster ziehen kann, wenn sie einmal allein sein will. Das sehen die Großeltern und sagen zueinander:
«Jetzt dürfen wir sie nicht stören!» Und weil Laura zu Hause in der Stadt ein solches Baumhaus nicht hat, ist sie viel lieber in Wiesenrod.

Auch an diesem Morgen verschwindet Laura gleich nach dem Frühstück im Baumhaus und zieht die Gardine vor. Aus der Malkiste holt sie Block und Buntstifte. Dann malt sie sich selbst zusammen mit ihrem Schutzengel, so wie sie ihn im Traum gesehen hat. Auf ein zweites Blatt schreibt sie diesen Brief:

Lieber Schutzengel!

Gestern Abend hat meine Oma von Dir erzählt. Ich freue mich, dass es Dich gibt und habe ein Bild von Dir und mir gemalt. Das will ich Dir schenken.
Ich glaube, meine Oma hat Dich schon mal gesehen. Woher kann sie sonst wissen, dass Du auf mich aufpasst?
Ich will Dich auch mal sehen! Dann weiß ich sicher, dass Du bei mir bist.
Meinst Du, das geht???
Deine Laura

Laura faltet den Brief und das Bild zusammen. Beides legt sie an den Teich auf einen großen Stein.
«Weil der Engel bei mir ist, wird er den Brief schon sehen können», denkt Laura. Auf den Umschlag schreibt sie mit einem roten

Stift:
An Lauras Schutzengel!, damit es zu keiner Verwechslung kommt.

Den ganzen Tag lässt Laura den Stein nicht aus den Augen. Doch der Umschlag liegt auch am Abend noch an derselben Stelle. Als Oma Lisa sie schließlich ins Bett bringt, fragt Laura:
«Meinst du, Schutzengel sind auch mal im Urlaub?»
«Nein», sagt Oma Lisa, «Das glaube ich nicht!». Und dann liest sie ihr noch ein Regenbogen-Märchen vor.

Kaum hat die Großmutter das Zimmer verlassen, springt Laura noch einmal aus dem Bett. Neugierig schaut sie aus ihrem Fenster in den Garten und traut ihren Augen nicht. Auf dem Stein am Teich steht eine brennende Kerze. Ihr Brief ist verschwunden. Da wird es Laura ganz warm ums Herz und sie weiß in diesem Moment, dass der Schutzengel den Brief mitgenommen und ihren Wunsch erfüllt hat.
Von dem Tag an glaubt Laura fest daran, dass ihr Schutzengel bei ihr ist.

Die orangenfarbige Quelle

Seitdem mir Pele von Lauras Schutzengel erzählt hat, weiß ich, das jeder von uns einen Schutzengel hat. Das finde ich eine sehr schöne Vorstellung, denn dann ist niemand mehr einsam.
«Ist das nicht schön, wenn jeder einen Schutzengel hat, dann ist keiner mehr alleine!», sagt Pele und ich gucke sie fragend an, ob sie schon wieder meine Gedanken gelesen hat.
«Und Pele, was sehen wir uns heute an? Ich bin schon ganz gespannt.»
«O.k., sag mal eine Farbe, die dir jetzt einfällt.»
«Orange!»

Kaum habe ich das Wort ausgesprochen, stehen wir an der orangenfarbenen Quelle. Alles ist orange. Die Schmetterlinge, die Blumen, die Bäume, die Gräser... Orange, so weit mein Auge reicht.
«Das habe ich ja noch nie gesehen. Träum ich?» frage ich fassungslos.
«Nö, das ist so, wie es ist!» antwortet Pele trocken, als seien orangenfarbene Gräser das Normalste der Welt. Vor lauter Staunen verschlägt es mir fast die Sprache.
«Pele, weißt du woran mich das erinnert?»
«Ne.»
«Es gibt andersfarbige Sonnenbrillen und wenn man durchschaut,

dann sieht man alles in nur einer Farbe, genau wie hier», spreche ich vor Begeisterung ganz schnell.

Ich konzentriere mich auf meinen Atem, nachdem Pele mit ihrem Zeigefinger auf die Schmetterlinge und meinen Bauch zeigt. Gut, das sie mich immer wieder daran erinnert. Mir wäre es gar nicht aufgefallen, dass ich vor Begeisterung fast vergessen habe zu atmen. Pele geht schon in Richtung Fenster.
«Lass uns mal gucken, ob meine Freundin Jovanna auch da ist. Sie ist nämlich eine Prinzessin und ich würde sie dir gerne zeigen. Komm mal hier her ans Fenster.»
Wir drücken uns beide die Nasen platt. Und tatsächlich können wir von unserem orangenfarbenen Fenster aus direkt in den Schlossgarten schauen, in dem Prinzessin Jovanna versucht Schmetterlinge zu fangen.

Prinzessin Jovanna

or langer, langer Zeit, an einem fernen Ort spielte eine kleine Prinzessin im schönen Schlossgarten.

An jenem warmen Sommernachmittag lief die Kleine den bunten Schmetterlingen hinterher, um sie zu fangen.
Ihre blonden Zöpfe wippten bei jedem Schritt lustig hin und her. So sehr sich die zarte Prinzessin auch anstrengte, die Schmetterlinge waren doch immer flinker.

Jovannas Mutter, die Königin Sofie, liebte Rosen. Zahlreiche gelbe und rote Rosensträucher schmückten den Garten und ihr herrlicher Duft breitete sich überall aus. Auf einem kleinen Teich schwammen Seerosen, deren buntes Leuchten besonders einladend und anziehend wirkte.

Jovannas ganzer Stolz war ein kleines Vogelnest. Sie hatte es erst kürzlich am Holzpavillon neben dem Teich entdeckt und beobachtete begeistert, wenn die Vogelmutter ihre Jungen fütterte. Dann kicherte sie vor lauter Freude so hell und lustig, dass es sich fast anhörte, wie das aufgeregte Zwitschern der hungrigen Jungen im Nest.

«Komm hierher in den Schatten und ruhe dich einen Moment aus!», rief ihr das Kindermädchen Juliana besorgt zu.
Unter einer Kastanie hatte sie eine himmelblaue Wolldecke

ausgebreitet und ein prall gefüllter Picknickkorb lud zum Essen ein.

Juliana kannte Prinzessin Jovanna von ihrer Geburt an. Bevor sie ihr Kindermädchen wurde, hatte sie im Kindergarten gearbeitet und konnte so gut mit Kindern umgehen, dass Königin Sofie auf sie aufmerksam wurde. Und weil es ihr vor allem darum ging, dass Jovanna in gute Hände kam, holte sie die junge Erzieherin an den Hof. Juliana gewöhnte sich sehr schnell an die Sitten im Schloss und weil sie die Prinzessin schon bald richtig gern hatte, konnte sie es sich nicht mehr vorstellen, von hier weg zu gehen. Juliana lebte alleine und hatte in einem der Nebengebäude ihr Reich. Ihr sehnlichster Wunsch war es, Erzieherin zu werden und darin ging sie voll und ganz auf. Zu diesem Zeitpunkt konnte sie sich nicht vorstellen zu heiraten oder irgendetwas anders zu tun.

Jovanna sah all die leckeren Sachen im Korb und lief so schnell sie konnte zur Kastanie. Die spendete angenehmen Schatten, wunderschön für ein Picknick. Wie immer hatte Juliana an alles gedacht: Es gab Marmorkuchen, Erdbeeren, Schokolade und Kakao.
Jovanna hatte feuerrote Wangen und war so durstig, dass sie ein ganzes Glas Kakao auf einmal leer trank.

«Oh Juliana, wieso sind alle Schmetterlinge schneller als ich?» fragte die Kleine, immer noch ganz außer Atem.
«Ich würde so gerne einen Schmetterling auf meine Hand nehmen und seine bunten Flügel ansehen.»

Juliana konnte sich ein Lächeln nicht verkneifen und bot der Prinzessin ein Stück frischgebackenen Kuchen an.
«Das kann ich gut verstehen. Auch mich faszinieren die zarten und lebendigen Farben der Schmetterlinge. Es ist einfach schön, zu beobachten, wie leicht sie mit jedem Flügelschlag vorankommen

und da landen, wo es ihnen am besten gefällt.»
Jovanna schaute Juliana an. Sie war neidisch auf die Schmetterlinge. Die konnten fliegen wohin sie wollten. Sie musste immer im Schlossgarten bleiben.

«Probier doch mal den Kuchen! Den hat die Köchin Nadusa frisch gebacken – mit viel Schokolade extra für dich», versuchte Juliana sie abzulenken. Nachdem sie mindestens drei Stücke davon gegessen hatte, war Jovanna rundum satt.

Vergnügt und gestärkt sprang sie auf und setzte sich auf ihre Lieblingsschaukel, die neben ihr von einem dicken Ast herabhing. Das war mit der Zeit zu einem kleinen Ritual geworden: Zuerst Picknick und dann die Schaukel. Jovanna hatte großen Spaß daran, sich so hoch zu schwingen, dass sie glaubte, sie käme dem Himmel jedes Mal ein Stück näher. Vielleicht fühlte sie sich ja in diesen Momenten auch so leicht, wie die Schmetterlinge, dachte Juliana, die das Picknick zusammenpackte.

Einmal in der Woche durften nachmittags Kinder aus dem Kindergarten zum Spielen kommen. Sie tobten ausgelassen herum und verwandelten innerhalb kürzester Zeit den Schlossgarten in einen Spielplatz. Wohin man auch guckte, überall sah man Teddys, Fahrräder, Fußbälle, Malbücher, Schaufeln, Eimer für den Sandkasten und vieles mehr.

Stolz zeigte Jovanna das neu entdeckte Vogelnest und ihre Lieblingsschaukel wurde ausgiebig getestet. So sehr sich die Prinzessin auch freute, desto trauriger war sie jedes Mal, wenn der Nachmittag zu Ende ging und die Kinder sich verabschiedeten. Dann kullerten dicke Tränen über ihr Gesicht. Juliana tröstete die Kleine so gut sie konnte und trocknete ihre Tränen.
Doch ein wenig traurig war sie selbst auch. Und so beschloss sie mit Königin Sofie zu sprechen.

Schon bald bekam sie einen Termin und konnte ihr Anliegen vortragen.

«Verehrte Königin», begann Juliana etwas nervös.

«Jovanna freut sich unbändig, wenn sie mit anderen Kindern spielen kann. Dann vergeht die Zeit viel zu schnell. Ich finde einen Nachmittag in der Woche viel zu wenig und sehe wie Jovanna richtig aufblüht, wenn sie und die anderen Kinder spielen. Um sich jedoch richtig kennen zu lernen benötigen die Kinder mehr Zeit. Vielleicht können sie mit ihrem Mann, dem König, sprechen um den Kindern noch einen zweiten Nachmittag zum Spielen im Schlossgarten zu erlauben. Darum bitte ich sie sehr.»

Darauf die Königin:

«Liebste Juliana, Sie wissen doch, dass das kaum möglich ist. Jovanna ist häufig krank und muss mit ihren Kräften schonend umgehen. Andererseits weiß ich, dass ihr die Kinder sehr fehlen und werde deswegen mit meinem Mann überlegen, was wir tun können.»

Juliana war sehr traurig, weil sie wusste, dass die Königin eigentlich Recht hatte, denn nach Jovannas Geburt hatten die Ärzte festgestellt, dass das zierliche Mädchen ein zu schwaches Herz hatte.

Wenig später...

...verschlechterte sich der Zustand der kleinen Prinzessin und sie musste strikt das Bett hüten. Es war ein Jammer. So verbrachte Jovanna die restlichen Sommertage im Bett. Die Prinzessin schlief sehr viel. Wenn sie wach war, wünschte sie sich spannende Geschichten, die Juliana ihr vorlas.

Der nächste Hausbesuch des königlichen Arztes stand an und

alle freuten sich, dass eine kleine Besserung eingetreten war. Dr. Memala, so hieß der Arzt, führte ein langes Gespräch mit König Halaan und Königin Sofie und gab ihnen folgenden Rat:
«Sie wissen, wie wichtig Ruhe für Jovanna ist. Ich empfehle Ihnen, mit der Prinzessin einige Wochen ans Meer zu verreisen. Fernab vom Schloss werden ihr die Seeluft und viele Spaziergänge wieder Kraft geben.»
König Halaan zog sich den Nachmittag über mit seiner Frau zurück, um eine gemeinsamen Entscheidung zum Wohlergehen ihrer Tochter zu treffen.
«Sofie, ich werde die nächsten Verpflichtungen verschieben. Unsere Tochter braucht uns jetzt!», sprach der König mit entschlossener Stimme. Königin Sofie war stolz auf ihren Mann und umarmte ihn zärtlich.

Weil das königliche Paar die kleine Jovanna über alles liebte, fuhren die drei und das Kindermädchen noch am nächsten Tag in ein Ferienhaus, das direkt am Meer lag. Endlich hatten die Eltern den ganzen Tag Zeit für ihre Tochter. Für Jovanna war das paradiesisch. Ihr Herz machte kleine Freudenhüpfer und wurde von Tag zu Tag stärker. Gemeinsam streiften sie durch die Dünen.

Doch schon bald näherte sich wegen vieler Verpflichtungen der Abreisetag des Königspaares. So blieben Jovanna und Juliana die nächsten Wochen alleine im Haus am Meer zurück. Die Prinzessin war enttäuscht und wirkte die erste Zeit danach sehr bedrückt. Juliana gab sich alle Mühe, möglichst viel Abwechslung in die Tage zu bringen.

Jovanna liebte es am Strand Muscheln zu sammeln und Sandburgen zu bauen. Dabei half ihr das Kindermädchen. So entstanden besonders schöne Sandburgen, die reich mit Muscheln verziert waren. War das Wetter schlecht, dann wurden Mobiles gebastelt, die in allen Räumen gut verteilt, das Ferienhaus schmückten.

Dr. Memala behielt Recht, denn Jovanna erholte sich mit jeder Woche mehr und tankte viel Kraft.

Eines Tages...

...als Jovanna wie gewohnt neue Muscheln suchte, kam ihr am Strand ein kräftiger Bernhardiner entgegen. Der beschnupperte das Mädchen, fand es anscheinend sympathisch und planschte freudig im Wasser herum. Das spritzte ganz schön und brachte Jovanna zum Lachen und bald spielten die beiden allerhand Wasser- Spiele miteinander.

«Rufus!» rief plötzlich eine Jungenstimme,
«Rufus, was machst du denn da?» Ein Junge näherte sich und sagte grinsend «Hallo!»
Etwas überrascht blickte Jovanna den Störenfried an. Doch schon beim zweiten Blick gefiel er ihr mindestens genauso gut, wie sein Bernhardiner.
«Also Rufus heißt dein Hund!» sagte sie forsch.
«Ich bin Jovanna und wie heißt du?»
«Johna», kam die Antwort.
«He, Johna, hast du Lust mit mir eine Sandburg zu bauen?» fragte sie zuversichtlich.
«Auf jeden Fall! Und deine Muscheln sind ideal, wenn wir noch schönere Burgen bauen wollen.»

Bald hatten sich Jovanna und Johna angefreundet. Die Prinzessin hoffte insgeheim, dass Johna ihr auf Dauer ein richtiger Freund werden könnte.

Juliana beobachtete das Geschehen amüsiert von der Veranda aus und wollte die beiden Kinder und den braunen Bernhardiner einfach nicht aus den Augen lassen. Sie freute sich sehr darüber, dass die Prinzessin zwei Spielkameraden gefunden hatte.

In den folgenden Tagen entstanden eine Reihe stolzer Muschelburgen, denn Jovanna und Johna sahen sich nun jeden Tag. Rufus lief dann immer aufgeregt durch die Szene und war ebenso zufrieden.

Abends, wenn Juliana die Prinzessin ins Bett brachte, erzählte Jovanna, was sie alles mit Johna erlebt hatte. Dabei strahlten ihre großen grünen Augen wie kleine Sterne.
«Weißt du, Juliana, wenn ich mit Johna spiele, dann werde ich nicht müde und mein Herz tut auch gar nicht weh. Es macht so viel Spaß. Stell dir vor, wir haben sogar Fußball gespielt!»
Nachdem Jovanna eingeschlafen war, berichtete Juliana der Königin, dass die Gesundheit ihrer Tochter große Fortschritte mache. Es war gar keine Frage, dass auf ihre Bitte spontan die Aufenthaltsdauer am Meer verlängert wurde.

Jeden Nachmittag, nach vollendeter Bautätigkeit, saßen Jovanna und Johna stundenlang erzählend in den Dünen. Zunächst ahnte Johna nicht, dass seine neue Freundin eine Prinzessin war. Das erfuhr er erst später, als ihm Jovanna von ihren Eltern und dem Leben auf dem Schloss erzählte.
«Und wieso bist du dann hier am Meer und nicht im Schloss?», fragte Johna verdutzt.
«Na, weil ich krank bin. Mein Herz ist schwach und manchmal geht es mir so schlecht, dass ich im Bett bleiben muss.»
«Hier ging es Dir doch jeden Tag gut, oder?», fragte Johna überrascht.
«Ja genau!», antwortete Jovanna. Komisch. Ihre Stimme klang plötzlich so fest. Sie war selbst überrascht, wie kraftvoll sie sich fühlte.
«Für eine Prinzessin finde ich dich so, na so normal. Ich meine, ich habe ja noch nie eine Prinzessin bisher kennen gelernt, nur..., ach ich weiß auch nicht», sagte Johna etwas verwirrt.
«Und», begann er wieder, «ich finde dich sogar richtig nett!» Ein

bisschen verlegen schaute Johna kurz vor sich zu Boden, doch als Jovanna ihn anstupste sagte sie:
«Ich finde dich auch sehr nett und bin gerne mit dir zusammen!»

Und dann plapperte sie wie ein Wasserfall darauf los und erzählte mit leuchteten Augen von ihrem Garten, dem Vogelnest, ihrer Schaukel und den Kindernachmittagen. Währenddessen lag Rufus, der Bernhardiner daneben, sodass man sehen konnte, dass er fast so groß wie Jovanna war. Es sah besonders lustig aus, wenn sich der Hund gelegentlich auf ihre Beine legte, um sie zu wärmen. Dann war von Jovanna nicht mehr viel zu sehen.

Die Wochen vergingen wie im Flug...
...und die Abreise von Jovanna und Juliana ließ sich nicht länger verschieben. Wie an den Tagen zuvor saßen Johna, Jovanna und Rufus wieder in den Dünen. Die kleine Prinzessin hatte einen Kloß im Hals, wenn sie an den Abschied dachte.
«Du Johna, bald muss ich wieder ins Schloss zurück, aber am liebsten würde ich mit dem ganzen Schloss hierher ziehen, dann könnten wir für immer Sandburgen bauen. Du weißt ja, dass ich nicht viele Kinder zum Spielen habe und ich fühle mich im Schloss oft einsam. Und Rufus hätte ich dann auch jeden Tag bei mir.»
Während sie ihre kleine Rede hielt, streichelte sie Rufus über das weiche Fell. Darauf Johna:
«Ich wünschte mir, dass du hier bleiben könntest, egal, ob mit oder ohne Schloss. Rufus hätte bestimmt nichts dagegen.»
Und beide ließen traurig ihre Köpfe hängen.

Kurz bevor die kleine Prinzessin abreiste, überraschte Johna sie mit einem Geschenk.
Weil Jovanna ihm oft erzählt hatte, wie sie im Schlossgarten versuchte, Schmetterlinge zu fangen, hatte er ihr einen Schmetterling aus Holz geschnitzt und mit bunten, kräftigen Farben bemalt, ganz so wie es ihm sein Vater beigebracht hatte. Nun saßen sie

zum letzten Mal in den Dünen, als Johna sein Kunstwerk aus der Jacke zog und es voller Stolz präsentierte.
«Jetzt hast du im Schlossgarten immer einen Schmetterling in deiner Hand, der dich außerdem an Rufus und mich erinnert.»
Jovanna freute sich riesig. Das war das wertvollste Geschenk, dass sie je bekommen hatte. Vor lauter Rührung kullerten dicke Tränen über ihre Wange.
«Vielen, vielen Dank, lieber Johna. Du bist ein echter Freund. Ich werde dich und Rufus nie im Leben vergessen. Die letzten Wochen mit euch zusammen waren die schönste Zeit für mich.»

Ein letztes Mal bauten sie eine Muschelburg und legten mit Muscheln die Buchstaben ihrer beiden Namen in den Sand. Als der Abschied kam, umarmten sie sich und konnten ihre Tränen nicht mehr aufhalten.

Mit leiser Stimme sagte Jovanna:
«Du, Johna, wenn ich mal groß bin, dann werde ich zu dir ans Meer ziehen, dann können wir und Rufus immer zusammen sein.»
«Versprichst du es mir?» erwiderte Johna.
«Ja, ich verspreche es dir!»
Dann drückte sie auch Rufus noch einmal ganz fest und ihre Wege trennten sich.

In der folgenden Zeit...
...lebte sich Jovanna nur schwer im Schloss wieder ein. Die ärztliche Nachuntersuchung war erfreulich, denn man konnte feststellen, dass der Prinzessin die Zeit am Meer sehr gut bekommen war. Königin Sofie war inzwischen überzeugt, dass es für Jovanna gut wäre, wenn die Kinder öfter als früher zum Spielen ins Schloss kämen und ihre Eltern gestatteten es.
Trotzdem saß die Prinzessin oft mit dem Schmetterling in der Hand teilnahmslos auf ihrer Schaukel und dachte wehmütig an die

gemeinsame Zeit mit Johna und Rufus zurück. Juliana sprach sehr viel mit ihr darüber, doch das konnte Jovannas Schmerz und Sehnsucht nicht mindern.

Die Jahre vergingen...

Jovanna war nun eine junge Frau und alt genug, alleine ihren Weg zu gehen. Sie brauchte kein Kindermädchen mehr. Nach all den Jahren spürte Juliana, dass sie in ihrem Leben etwas verändern wollte und dass es an der Zeit war an sich selbst zu denken. Sie entschied sich für ein Jahr auf Weltreise zu gehen. Der Tag näherte sich an dem Juliana das Schloss verließ.

Noch einmal saßen Jovanna und Juliana, wie oft zuvor, beim Picknick unter der Kastanie.
«Meine liebe Juliana, ich freue mich für dich, dass du deine Weltreise machst. Du wirst viele Länder bereisen, interessante Menschen kennenlernen und jede Menge Abenteuer erleben. Ich werde dich ganz schön vermissen. Versprich mir, dass du mir von überall Karten schreibst, wo du gewesen bist.»
Jovanna nahm Juliana ganz fest in die Arme und sagte fast flüsternd:
«In all den Jahren war dir immer das Wichtigste, dass es mir gut geht. Es war sehr schön mit dir. Wir haben so tolle Sachen zusammen erlebt. Ich bin ganz traurig, dass du jetzt gehst. Aber ich gönne dir die Weltreise. Wirklich. Es wird bestimmt wunderbar.»
Beide hielten sich noch einen Moment in den Armen, bis Jovanna das Schweigen brach:
«Weißt du noch, wie wir damals einige Wochen am Meer verbracht haben?», fragte Jovanna und Juliana nickte. Sie hatte immer noch Jovannas Worte im Ohr:
«Es war die schönste Zeit meines Lebens, ohne Schloss und königliche Verpflichtungen. Und es war die Zeit, in der mein Herz

wieder gesund geworden ist, besonders deswegen, weil mir Johna begegnet ist.»
Juliana konnte sehr gut nachempfinden, was die junge Prinzessin fühlte, denn sie hatte oft genug davon geschwärmt.
Jovanna fragte sehnsüchtig:
«Meinst du, ich werde Johna jemals wiedersehen?»
«Folge deinem Herzen! Du weißt ja, wo du das Ferienhaus finden kannst. Fahr doch mal hin, vielleicht hast du Glück und findest Johna.»
Als Juliana schließlich das Schloss verließ, war Jovanna traurig.

Sie beschloss ans Meer zu fahren.
«Ich brauche ein paar Tage Abstand», erklärte sie ihren Eltern. Von ihrer Sehnsucht nach Johna erzählte sie ihnen nichts, denn nur ein Königssohn konnte nach den Vorstellungen der königlichen Familie der richtige Partner für sie sein.

Entschlossen Johna zu finden, packte sie ihre Sachen und nahm auch den Holzschmetterling mit, den er ihr damals geschenkt hatte. Immer wenn ihr Zweifel kamen, hielt sie ihn ans Herz.

Bald stand Jovanna vor dem Ferienhaus. Es schien, als sei die Zeit hier stehen geblieben. Als sie abends einen Strandspaziergang machte, kam ihr laut bellend ein Hund entgegen. Das war doch Rufus! Sie erkannte ihn sofort. Ihr Herz machte einen großen Freudensprung. Wenn Rufus hier war, dann konnte Johna nicht weit sein.
«Ob er auch sein Versprechen gehalten hat?», dachte sie in banger Erwartung, während sie Rufus streichelte. Ihr Blick hob sich und genau wie damals sah sie Johna kommen. Der traute seinen Augen nicht und glaubte zu träumen.
Jovanna war es wirklich. Als die beiden sich nach all den Jahren gegenüber standen, schien es, als wären sie sich fremd geworden. Überrascht, glücklich und irgendwie auch verwirrt standen

sie nun voreinander. Beide hatten sich die lange Zeit über ausgemalt, wie es wohl sein würde. Und jetzt war alles doch ganz anders. Johna fand seine Worte zuerst:
«Jovanna. All die Jahre habe ich mir gewünscht, dich zu treffen und jetzt aus dem Nichts stehst du hier vor mir, genauso wie damals.»
Jovanna wollte gerade antworten, doch sie kam nicht dazu. Johna sah plötzlich sehr wütend aus. Es platzte aus ihm heraus:
«Warum hast du dich nie wieder bei mir gemeldet? Kannst du dir vorstellen, wie oft ich mich gefragt habe, ob wir uns jemals wiedersehen? Und ich habe mir unendliche Sorgen und schlaflose Nächte gemacht, ob dein Herz vielleicht schwächer geworden ist und du...»
Er traute sich nicht auszusprechen, was er lange vermutet hatte.
Jovanna überschlug sich fast:
«Johna, ich hatte dir mein Versprechen gegeben. Es war nicht in Ordnung von mir, mich nicht zu melden, aber meine Eltern hätten es nicht erlaubt. Für sie war immer klar, dass ich meine Pflichten als Thronerbin wahrnehme. Aber was soll ich dir das jetzt erklären, dass hat ja keinen Sinn. Du glaubst mir ja sowieso nicht. Und ich dachte, du freust dich, mich zu sehen. Stattdessen machst du mir Vorwürfe», sagte Jovanna unter Tränen.
«Na, du bist vielleicht gut. Tauchst hier plötzlich auf nach all der Zeit und glaubst, es wäre nichts passiert?»

Erst danach traute sich Johna, Jovanna richtig anzusehen. Wie hübsch sie war. Genauso hatte Johna sie sich vorgestellt. Stumm nahm er ihre Hand. Auch Jovanna schaute ihm direkt in die Augen. Er gefiel ihr immer noch so gut wie bei ihrem aller ersten Treffen.
Leise sagte Johna:
«Und wie ich mich freue dich zu sehen!» und drückte sie ganz sanft an sich.
Stundenlang saßen sie an ihrem alten Platz in den Dünen und

erzählten sich, was sie erlebt hatten. Es dauerte Tage, bis sie zur alten Vertrautheit zurückfanden. Vielleicht hat Jovanna ja wirklich auf ihren Thron verzichtet, um gemeinsam mit Johna am Meer zu leben...

Vielleicht musste sie auch zum Schloss zurückkehren und einen Prinzen heiraten, den ihre Eltern für sie ausgesucht hatten.
Vielleicht hat sie den Prinzen auch nicht gewollt. Bis zum heutigen Tag weiß niemand genau wie die Geschichte zu Ende ging.

Die lilafarbene Quelle

Wir machen eine kurze Pause auf unserer Reise und sitzen gemütlich auf einem Holzstamm.

Vor uns fließt ein kleiner Bach. Schweigend hören wir wie er gleichmäßig plätschert. Das habe ich von Pele gelernt: Einfach nur zu sein. Zu sitzen und wahrzunehmen, was um mich herum passiert.

Es gibt Momente, da sind Worte überflüssig. Pele legt ihren Kopf auf meine Beine und ihr Blick folgt dem fließenden, klaren Wasser. Sie kann auf den Grund des Baches schauen. Ich beobachte Pele, wie sie ihren Kopf auf meinen Beinen liegen hat und gleichzeitig wachsam den Grund des Baches beobachtet. Ich folge ihrem Blick und sehe bunte Fische, die um kleine Steinchen flitzen. Ab und zu springen sie an die Wasseroberfläche und ziehen dabei einen Regenbogen um sich herum. Die Sonne spiegelt sich im Bach und glitzert.

Wir verweilen eine ganze Zeit so, bis Pele ihren Kopf zu mir dreht und mit leuchtenden Augen fragt:
«Hast du schon mal einen Kristallkegel gefunden, der einen Regenbogen zaubern kann?»
Ich überlege kurz und schüttle den Kopf.
«Wenn du mich so fragst, dann hast du doch bestimmt schon mal

irgendwo so einen Kristallkegel gesehen, oder?» Pele grinst nur, so wie sie immer grinst, wenn sie etwas kostbares entdeckt hat.

«Komm mal mit, ich zeige dir die lilafarbene Quelle.»
Auf unserem Weg zur lilafarbenen Quelle erfahre ich, warum wir ausgerechnet dorthin spazieren.
«Durch den lilafarbenen Nebel fühlst du viel intensiver. Du siehst, riechst, schmeckst und hörst viel besser. Die leichte Energie des Nebels berührt dein Herz. Dein Herz öffnet sich, damit du hörst, was es dir sagen möchte. Es zeigt dir, wo dein Weg langgeht und was du tun kannst, um deinen Platz zu finden, der dich erfüllt und glücklich macht.»
Als wir die lilafarbene Quelle erreichen, fließt der Nebel leichter als sonst und zum Fenster hinaus. Ich halte Peles Hand, als sie mir zu flüstert:
«Schließ kurz deine Augen und stell dir vor, dass du den lilafarbenen Nebel in dein Herz atmest. Spür, wie sich dein Herz öffnet. Und wenn du soweit bist, öffne deine Augen und du wirst ein kleines Mädchen, namens Tescheba sehen...»

Tescheba und der Kristallkegel

Vor langer, langer Zeit, im fernen Osten, lebte das Mädchen Tescheba...

Sie hat lange schwarze Haare, eine Stupsnase, große mandelförmige Augen und ein fröhliches Lachen. Was immer sie anstellt, sie folgt stets ihrem Herzen und weil sie eine lebhafte Fantasie hat, kommt sie immer wieder auf neue Überraschungen.

Tescheba lebt mit ihrer Mutter Makiera im Fischerdorf Sumala direkt am Meer in einem gemütlichen hellbraunen Holzhäuschen. Makiera ist berühmt für ihre wunderschönen Körbe, die sie auf dem Wochenmarkt verkauft. Zweimal in der Woche begleitet das kleine lebenslustige Mädchen seine Mutter, wenn sie auf den Markt geht, um die Körbe zu verkaufen. Dort haben sie genau in der Mitte des Marktes einen eigenen Stand, der aus einem Holzgestell besteht, das mit blauen Tüchern bespannt ist.

Teschebas Mutter ist eine kluge und manchmal auch geheimnisvolle Frau. Ihr Marktstand zieht die Menschen magisch an. Sobald der Markt eröffnet ist, zündet sie im Handumdrehen Kerzen in bunten Windlichtern an, die von der Decke herunterhängen. Makiera liebt zauberhafte Düfte über alles und wenn sie dazu kommt, brennt sie auch noch einige Räucherstäbchen ab. Und dann – entsteht genau dieser warme wohlriechende Duft, der

Tescheba froh und glücklich macht. Meist sitzt sie auf ihrem Lieblingsplatz, einem großen weichen Kissen. Sie kann auch bequem darauf liegen, wenn sie einmal müde ist. Dann schaut sie oft stundenlang verträumt auf die tanzenden kleinen Lichterflammen über ihr: Ein wunderschöner Kerzenhimmel, denkt sie. Es dauert nicht lange, dann verbreitet sich der wohlriechende Duft aus Rosenblüten, Orange, Jasmin und Zitrone über den Marktplatz.

Makieras Körbe sind nicht wie andere Körbe; sie sind viel wertvoller. Deshalb kennt man sie in der ganzen Gegend. Es sind nicht einfach nur Körbe; sie sind auf ihre Art anders als andere. Tescheba macht es Spaß die Leute zu beobachten, wie sie die Körbe anschauen und sagen:
«Ach, die Entscheidung fällt mir nicht leicht. Einer ist ja schöner als der andere.»
Und wenn sie wüssten, dass zu jedem Korb eine eigene Geschichte gehört, dann wollten sie noch viel mehr davon haben.

Wenn Makiera abends ihre Körbe flicht, dann erzählt sie Tescheba spannende, fröhliche und einfühlsame Geschichten über Prinzessinnen und Sultane. Sie wirken wie Medizin. Mit dem warmen Klang ihrer Stimme zieht Makiera die Aufmerksamkeit ihrer Tochter in andere Welten, wenn sie mit funkelnden Augen zu erzählen beginnt:
«Es war einmal....»

Das Lagerfeuer flackert beruhigend, während die beiden in der Nähe ihrer Terrasse am Meer sitzen und dort beim Geschichtenerzählen die geheimnisvollsten Körbe entstehen. Manche leuchten mit feurigem Rot, kräftigem Grün oder auch kühlem Blau. In andere sind Motive eingeflochten, wie Sterne, Herzen, Kreise oder auch Tiere. Abschließend reibt Makiera diese Körbe behutsam mit Ölen ein und so bekommt jeder nicht nur seine Geschichte, sondern auch seinen eigenen Duft. Ist die Geschichte zu Ende, ist auch der Korb fertig.

Ja, es sind bewegende Geschichten, die Tescheba hört. Dann vergisst sie alles um sich herum und lauscht der vertrauten Stimme ihrer Mutter. Abends, wenn sie in ihrem Bett liegt, hört sie das gleichmäßige Rauschen der Meereswellen und schläft nach kurzer Zeit ein.
Ja, das Meer: Tescheba liebt es sehr.

Doch eines Nachts...

... geschieht etwas Besonderes. Tescheba hat einen seltsamen Traum.
Helles angenehmes Licht breitet sich aus und es wird ihr warm ums Herz. Ein unbeschreiblich schönes Lichtwesen durchschreitet den Raum. Es ist Demeta, Teschebas Schutzengel:
«Du wirst eines Tages am Hafen einen großen Kristallkegel finden. Der weist dir den Weg, wenn du einmal verzweifelt bist und nicht weiter weißt. Dann schaue hinein und spüre, was dein Herz dir zeigen wird.»
Nachdem er dies gesagt hat, verschwindet Demeta so lautlos wie er gekommen ist.
Eine wohlige Wärme hüllt Tescheba ein und sie ist glücklich.

Das Lebensrad...

Die Jahre vergehen und Tescheba ist zu einer jungen hübschen Frau herangereift. Längst hat ihre Mutter ihr nicht nur das Korbflechten beigebracht. Sie hat sie auch in die Kunst des Geschichtenerzählens eingeweiht. Makiera selbst ist alt und müde.

«Meine geliebte Tescheba. Ich spüre, meine Zeit geht zu Ende.»
Sind die letzten Worte ihrer Mutter und an jenem Morgen wacht sie nicht mehr auf.

Tescheba weint bitterlich. Sie ist traurig und verzweifelt; zum ersten Mal in ihrem Leben fühlt sie sich einsam. Ihre Mutter hat ihr immer so viel Wärme, Herzlichkeit und Geborgenheit gegeben und nun ist der Tag gekommen, vor dem sie sich immer gefürchtet hat.

Nächte und Wochen irrt Tescheba am Strand umher und weiß weder ein noch aus. In ihrer großen Trauer isst sie nichts mehr, das Lagerfeuer ist längst erloschen, die Körbe bleiben halbfertig liegen und keiner wird zu Ende geflochten.
Tescheba fühlt sich unendlich müde und hoffnungslos. Vor dem Einschlafen bittet sie um Hilfe:
«Lieber Demeta, ich fühle mich so verzweifelt und bitte dich um einen Rat.»

Und wieder hat Tescheba einen Traum.

Das angenehme helle Licht füllt wieder den Raum. Demeta, ihr Schutzengel, schreitet auf sie zu und schließt sie sanft in die Arme. Und dann sieht sie ihre Mutter. Sie ist mitgekommen und wirkt so jung und glücklich wie Tescheba sie aus Kindertagen in Erinnerung hat. Beide bleiben stumm und dennoch hat Tescheba ihre Botschaft verstanden. Sie spürt jetzt deutlich, was sie zu tun hat.

Ab dem nächsten Morgen sieht man Tescheba im Hafen von Sumala mal hier, mal da. Drei Tage lang sucht sie, doch sie findet den Kristallkegel nicht. Ein wenig mutlos geht sie zum Meer hinunter und setzt sich auf einen runden Stein. Angespannt lauscht sie in das Rauschen der Wellen hinein, so als könnte ihr das Meer weiterhelfen. Sie schmeckt schon das Meersalz auf der Zunge, als ein Wind durch ihre langen schwarzen Haare weht. Aber auch der weiß keine Antwort. Einsam und alleine beginnt Tescheba leise zu weinen. Und wieder sehnt sie sich nach ihrer

Mutter zurück, die ihr Halt, Geborgenheit und Liebe gegeben hat. Noch einmal möchte sie beim Duft der Rosen ihre Geschichten hören und dabei Körbe flechten.

Rot glühend und gewaltig sinkt die Sonne ins Meer. Bald wird es Nacht sein. Gedankenverloren starrt Tescheba in den Sand. War das nicht ein Lichtblitz – gleich vor ihren Füßen?
Mit einem Mal ist sie hellwach. Ja, da glitzert und glänzt etwas und strahlt in allen Regenbogenfarben. Als Tescheba es berührt, spürt sie eine seltsame Wärme, die durch ihren ganzen Körper fließt. Da weiß sie mit einem Mal: Sie hat den Kristallkegel gefunden, der sie führen soll und der mit Hilfe der Sonnenstrahlen einen wunderschönen Regenbogen zaubern kann. Ganz behutsam nimmt sie ihn in ihre Hand. Sie freut sich an seinen Farben und genießt die Wärme, die er ausstrahlt. Selbst als sie ihre Augen einen Moment lang schließt, sieht sie strahlend klar das Farbspiel vor sich. Die junge Frau umschließt den Kristallkegel fest mit beiden Händen und drückt ihn an ihr Herz.

Als es dunkel ist, sitzt Tescheba wieder an ihrem alten Platz vor der Terrasse. Eine Kerze brennt und vor ihr auf dem kleinen Tisch glänzt der Kristallkegel. Die Nacht ist klar und unzählige Sterne senden ihre Grüße aus der Ferne des Weltalls. Doch Tescheba hat nur Augen für den Kristallkegel. Durch das Kerzenlicht hindurch betrachtet sie ihn eingehend und ist fasziniert von seiner Schönheit. Und plötzlich fängt sie an zu strahlen. Deutlich sieht sie hinter der klaren Oberfläche ihre Mutter, die Tescheba aufmunternd zu sich winkt. Dann entsteht ein wundersames und heilendes Lichtspiel. Während sie ihre Mutter liebend ansieht, kommt es Tescheba vor, als stünde sie selbst innerhalb des Kegels. Ein wunderbarer Regenbogen in prächtigen Farben umspannt sie und gibt ihr göttliche Kraft.
«Meine liebe Tescheba. Du hast einen ganz großen Platz in

meinem Herzen. Eines Tages werden wir uns wiedersehen. Doch dein Platz ist jetzt nicht bei mir. Folge der Stimme deines Herzens, sie wird dich stärken deinen Weg zu gehen, so wie du ihn gehen willst.»

Tescheba fasst wieder Mut und bewegt sich tanzend vor lauter Freude. Mit geschlossenen Augen genießt sie die göttliche farbenfrohe Kraft, die die Worte ihrer Mutter in ihr auslösen. In diesem Moment weiß sie genau, wo ihr Platz ist und welcher Weg der richtige für sie ist.

Tescheba wirkt wie neu geboren. Woche um Woche arbeitet sie an ihrem Haus, bemalt die Zimmerwände mit hellen Farben und bringt unzählige kleine Windlichter an der Decke an. Es duftet auch wieder nach Rosenblüten, Orange, Jasmin, Zitrone und Räucherstäbchen. Das Wohnzimmer mit dem offenen Kamin füllt Tescheba großzügig mit vielen Kissen aus.

Als sie ihr Werk vollendet hat, geht Tescheba an den Ort, wo sie so viele Menschen kennt. Sie spricht Mütter mit ihren Kindern auf dem Marktplatz an und lädt sie zu sich nach Hause ein. Dort sitzen dann zahlreiche neugierige Kinder vor dem Kamin und lauschen gespannt den Geschichten, die Tescheba ihnen mit ihrer warmen Stimme erzählt, während sie Körbe flicht. Dabei fühlt sie sich ruhig und glücklich. Tief in ihrem Herzen spürt sie dankbar, dass sie ihren Platz nun gefunden hat.

Tescheba hilft.

Nicht weit von Sumala lebt ein junger Mann namens Kiran. Auch Kiran hat schon viel von Tescheba und ihren heilenden Geschichten gehört. Da er sie kennenlernen will, besucht er sie in ihrem Haus. Als Kiran klopfend vor ihrer Haustür steht, ist die junge Frau erst einmal überrascht, weil sie Kiran nie vorher in

Sumala gesehen hat. Sein Herz klopft vor Aufregung, als er sich selber reden hört:
«Hallo, du bist bestimmt Tescheba. Ich bin Kiran und bin gekommen, um dich zu fragen, ob du mir helfen kannst?» platzt es aus ihm heraus.
Tescheba spürt Kirans Anspannung und bittet ihn herzlich einzutreten. Mit beruhigender Stimme antwortet sie:
«Hallo Kiran, ich habe dich noch nie zuvor in Sumala gesehen. Es überrascht und freut mich zugleich, dass du zu mir gekommen bist. Gerne möchte ich uns einen frischen Minztee aufbrühen, dann kannst du mir in aller Ruhe und der Reihe nach erzählen, was dich belastet und vielleicht kann ich dich unterstützen.»

Mit der Zeit erfährt sie, dass er ein wenig älter als sie selbst ist und mit seiner jüngeren Schwester Lucita zusammen lebt. Und dann erzählt Kiran von seiner Sorge um Lucita. Seit ihre Eltern bei einem Schiffsunglück ertrunken sind, spricht Lucita kein Wort mehr. Kiran schaut Tescheba fragend an und seine Stimme klingt ratlos:
«Tescheba, kannst du uns helfen?»
Wer könnte ihn besser verstehen als Tescheba!
«Kiran, ich will es versuchen. Gerne möchte ich Lucita zu mir einladen, wenn sie damit einverstanden ist.» Kirans Augen leuchten hoffnungsvoll, als er ihre Antwort hört.

Und so erzählt er noch am gleichen Abend Lucita von seiner Begegnung mit Tescheba. Ihm wird ganz warm um sein Herz, wenn er an sie denkt.
Ob sie ihm helfen kann? Lucita schaut ihren großen Bruder erwartungsvoll an und legt ihre kleine Hand auf seine. Nickend gibt sie damit ihr Einverständnis Tescheba zu besuchen.

Bei ihrem ersten Besuch wirkt Lucita noch ein wenig ängstlich, doch Teschebas einfühlsame Art schafft eine vertrauensvolle

Atmosphäre, in der sich Lucita sehr wohl fühlt. Während Tescheba Lucita zeigt, wie man Körbe flicht, erzählt sie viel von ihrer Mutter und wie schwer es für Tescheba gewesen ist, über die erste Zeit ohne ihre Mutter hinwegzukommen. Dabei spürt sie auch gleichzeitig den Schmerz der Kleinen. Tescheba schaut einen Moment gedankenversunken aus dem Fenster und erinnert sich an Makieras Worte: *«Du hast einen großen Platz in meinem Herzen. Eines Tages werden wir uns wiedersehen, doch jetzt ist dein Platz nicht bei mir.»*
Ganz behutsam streicht Tescheba der Kleinen über ihre blonden Locken:
«Lucita, eines Tages wirst auch du, genau wie ich, deine Eltern wiedersehen, doch jetzt ist dein Platz hier! Deine Eltern lieben dich tief in ihren Herzen weiter!»
Lucita kullern Tränen aus ihren blauen Augen, während sie tröstend in Teschebas Armen Geborgenheit und Halt spürt.

Die Wochen vergehen und Lucita verbringt viel Zeit an der Seite von Tescheba, die sie sehr mag. Sie liebt ihre Erzählungen, den Geruch von Rosen und Räucherstäbchen und die Körbe, die ihre eigenen Geschichten haben. Lucita hat schon viel von Tescheba gelernt und beginnt nun ihre eigenen Körbe zu flechten, die sie abends voller Begeisterung Kiran zeigt.
Auch Kiran fühlt sich in der Nähe von Tescheba sehr wohl. Vielleicht hat er sich ja auch in Tescheba verliebt?

Eines Abends...

.... sitzen Tescheba, Kiran und Lucita am Lagerfeuer und Tescheba erzählt den beiden von ihrem Schutzengel Demeta und ihrem Wegweiser, dem Kristallkegel. Während sie zuhört, leuchten Lucitas Augen. Da spürt Tescheba plötzlich, dass sie Lucita den Kristallkegel schenken möchte. Die Kleine freut sich so sehr über das kostbare Geschenk, dass sie Tescheba um den Hals fällt und vor Freude weint. Auch Tescheba weint. Und dann geschieht das Unglaubliche. Genau in diesem Moment findet das Mädchen seine Sprache wieder. Tescheba und Kiran können ihr Glück kaum fassen und umarmen sich. Sie spricht wieder, jubelt es in Kiran. Alle drei liegen sich überglücklich in den Armen.

Nach einer Weile entschließt sich Kiran all seinen Mut zusammen zu nehmen. Als sie am späteren Abend alleine am Lagerfeuer sitzen, offenbart er Tescheba seine Gefühle. Sie schweigt eine lange Minute und schaut ihn dann aufmerksam an.
«Lieber Kiran, ich weiß, dass du für mich viel empfindest. Auch ich mag dich sehr. Du bist mein Freund. Ich bin so froh, dass ich endlich weiß, was wirklich zu mir passt. Ich brauche jetzt meine ganze Kraft und Energie für meine Körbe und meine Geschichten. Bitte sei nicht böse.»

Kiran bleibt einen Moment wortlos und sein Blick fällt auf Teschebas Körbe. Er schaut die Körbe lange wie hypnotisiert an. Sein Herz ist ganz schwer, doch irgendwo kann er ihre Entscheidung auch verstehen. Und in diesem Augenblick merkt er, dass er stolz ist auf seine selbstbewusste Freundin, die so wunderbare Geschichten erzählen kann. Vielleicht überlegt sie es sich ja eines Tages doch noch anders...

...und wenn sie nicht gestorben sind, dann leben sie noch heute!

Die türkisfarbene Quelle

Auf meiner Reise habe ich vieles gesehen und erfahren, doch am Schönsten ist es, dass ich Pele kennen gelernt habe.

«Weißt du Pele, du kannst mir Dinge erklären, die ich tief in meinem Inneren weiß. Ich traue mich nur nicht, sie auszusprechen», sage ich unsicher. Pele lächelt mich an und sagt nichts. Stumm gehen wir zur nächsten Quelle. Ihr Schweigen verwirrt mich und ich frage mich: Stimmt das überhaupt, was ich gerade gesagt habe? Nachdenklich gehen wir nebeneinander her.

Und dann stehen wir vor einer unglaublich schönen Quelle. Das Wasser glitzert wie tausend türkisfarbene Diamanten. Pele strahlt mich an und leuchtet dabei mindestens so hell wie die Diamanten. Plötzlich ist Pele von Kopf bis Fuß türkisfarben. Mit aufgerissenem Mund bestaune ich sie.

«Ich bin nicht die einzige», sagt die Kleine und reibt sich die Hände.

«Jetzt bist du auch ganz türkis.» Wie angewurzelt stehen wir in der türkisfarbenen Pracht.

«Das ist für mich die schönste Quelle», flüstere ich ergriffen. Pele ist nicht überrascht.

«Ich weiß», sagt sie.

«Es ist nämlich so: Jeder von uns braucht in einer bestimmten

Lernphase eine ganz spezielle Farbe.»
«Was? Lernphase? Was meinst du denn damit?», frage ich verblüfft.
«Ich bin froh, dass die Schule endlich vorbei ist.» Pele grinst. «Du hast mir doch gerade erklärt: Es gibt Dinge, die du tief im Inneren weißt, aber du traust dich nicht darüber zu reden. Stimmt´s? Das muss nicht so bleiben! Du kannst es lernen. Lektion Nummer eins ist: Du spürst nach, was du fühlst, und dann versuchst du es in Worte zu fassen.»
«Bei dir hört sich das so einfach an, Pele.»
«Es ist auch ganz einfach», sagt Pele lachend.
«Weißte, Erwachsene sind viel vorsichtiger mit ihren Gefühlen, weil sie sich oft verletzt oder falsch verstanden fühlen, deshalb trauen sie sich nicht die Wahrheit zu sagen. Aber eigentlich ist es ganz einfach die Wahrheit zu sagen. Du hast doch schon gelernt rauszukriegen, wie du dich tatsächlich fühlst. Denk an die Schmetterlinge in deinem Bauch. Jetzt musst du dich nur noch trauen, dazu zu stehen.»

Pele erklärt mir, dass die Schmetterlinge in meinem Bauch durch die Farbe Türkis unterstützt werden.
«Wenn sie fliegen und ihre Fühler ausstrecken, hilft das Türkis ihnen, alles mitzukriegen.»
«Verstehe ich nicht, was meinst du denn damit?» Pele bringt mich doch immer wieder zum Nachdenken.
«Stell dir vor, du willst durch dein Fenster gucken. Nur kannst du nichts sehen, weil die Scheibe ganz dreckig ist. Also brauchst du ein Putzmittel. Erst dann kannst du wieder alles sehen. Haste jetzt verstanden?»
Plötzlich bekomme ich einen Geistesblitz:
«Aha, das Türkis hilft den Schmetterlingen wieder klar zu fühlen. Es reinigt sozusagen meinen Bauch von innen?» frage ich lieber noch einmal nach.
«Ja genau, das ist es!» Ihre Worte klingen nach. Ich bekomme gar

nicht mit, dass Pele kurz verschwunden ist. Auf einmal steht sie vor mir. In ihrer Hand hält sie ein Geschenk für mich.
«Der ist für dich. Er hilft dir, deine Gefühle auszusprechen!» Und schon hält sie mir einen zauberhaftschönen, türkisfarbenen Diamanten entgegen. Ich schaue mir den handgroßen Diamanten einen Augenblick an.
«Der ist ehrlich für mich? Ich kann´s gar nicht fassen. Liebe Pele, vielen Dank. Ich suche zu Hause einen schönen Platz für ihn aus. Und natürlich erinnert mich dieser Diamant auch an dich!» Pele ist wirklich aufmerksam.

Wenig später fragt sie mich:
«Soll ich dir eine Geschichte erzählen?»
«Gerne...ich bin nämlich schon sehr gespannt, was wir hinter dem türkisfarbenen Fenster zu sehen bekommen!» sage ich neugierig.
«Also, das ist so, der Tristan ist ein Königssohn und er lernt Neele kennen, doch Neele ist keine Prinzessin. Mehr verrate ich dir jetzt nicht, schau selbst!»
Und dann drücken wir uns wieder die Nasen platt, um auch ja nichts zu verpassen. Meinen Diamanten halte ich dabei die ganze Zeit fest in meiner linken Hand.

Die Geschichte von Neele und Tristan

s war einmal ein Königssohn, der liebte seine Braut so sehr, dass er auf seinen Thron verzichtete.

Doch: Alles der Reihe nach!

An einem schönen, warmen Sommernachmittag nahm die Geschichte ihren Anfang:

Tristan, der älteste Sohn des Königs, ritt auf seinem schwarzen Pferd Hussan wie jeden Nachmittag in den Wald. Reiten war seine große Leidenschaft, die er wohl von seinem Vater, dem König Ludwig, geerbt hatte. Der war im ganzen Land für seine einzigartige Pferdezucht bekannt. Schon als kleiner Junge verbrachte Tristan mehr Zeit in den Pferdeställen, als im königlichen Schloss. Tristans jüngere Brüder, Lukas und Marco, begeisterten sich mehr für das Geschehen am Hofe. So wunderte es niemanden, dass Tristan seine gesamte Freizeit auf dem Rücken seines Pferdes verbrachte.

Zu seinem vierten Geburtstag schenkten ihm seine Eltern den Hengst Hussan. Hussan hatte ein schwarzes Fell, das wie feinste Seide glänzte. Seine Mähne war ebenso eigensinnig wie sein Temperament und seine Augen verrieten seine Wachsamkeit. Tristan kam oft mit hochroten Wangen lachend aus dem Reitstall. Seine blauen Augen funkelten dann so leuchtend wie das Meer.

Seine kurzen braunen Haare standen in alle Richtungen kreuz und quer.

An einem sonnigen Nachmittag, es hätte gestern erst sein können, waren die beiden wieder einmal unterwegs.
Die beruhigende Wirkung des Waldes, das Zwitschern der Vögel und das Plätschern des kleinen Baches erfreuten Tristan immer wieder aufs Neue. Hier konnte er Kraft sammeln. In solchen Momenten erschien es Tristan, als ob die Farben des Waldes noch kräftiger und schöner strahlten. Gleichzeitig hörte er das Zwitschern der Vögel intensiver als sonst. Auch wenn er ihre Sprache nicht verstand, so schienen sie sich doch munter zu unterhalten. Tristans Atem beruhigte sich augenblicklich, als er seine Augen schloss, um die Freiheit einzuatmen.

Zur gleichen Zeit...

...machte sich Neele auf den Weg nach Hause. Ihr kleines Holzhaus hatte früher einem Förster gehört und lag hinter dem großen Wald am Stadtrand, dort wo der Bach entspringt. Das Kinderheim, in dem Neele arbeitete, lag im westlichen Teil der Stadt. Und so musste sie den Wald durchqueren. Hatte sie den Wald erreicht, dann erfreute sie sich an seinem frischen Duft, am Gezwitscher der Vögel und an den verschiedenen Grüntönen der Blätter. Gelegentlich konnte sie ein Reh beobachten, das am nahen Bach seinen Durst stillte. Dann fühlte sie sich so gut, dass sie eine Melodie vor sich hinsummte.

Doch eines Tages...

...passierte es, dass Neele unglücklich über eine Wurzel stolperte und ihren Fuß dabei umknickte. Sie versuchte aufzutreten, doch der Schmerz war so groß, dass sich ihre blauen Augen mit Tränen füllten. Nein, weit gehen konnte sie damit nicht. Aus Verzweiflung setzte sie sich ins weiche Gras. Ihr war klar, dass sie den Weg zurück alleine nicht schaffen konnte! Die gleiche Entfernung lag noch einmal vor ihr. Die Gedanken schossen allesamt gleichzeitig durch ihren Kopf: Mist, warum bin ich gestolpert? Warum habe ich nicht besser aufgepasst! Sicherlich wird es bald dunkel werden und dann? Ich darf gar nicht darüber nachdenken.

Sie heulte vor Wut und hoffte inständig, dass es nicht auch noch zu regnen anfangen würde. Denn als sie nach oben schaute, zogen bereits dichte Wolken auf.
Neele nahm erneut ihre ganze Kraft zusammen. Ohne den schmerzenden Fuß zu belasten, versuchte sie zu hüpfen. Mit ärgerlicher Stimme sprach sie laut zu sich:
«In diesem Tempo bin ich noch Jahre unterwegs.»
Ein Reh zog sich erschrocken zurück. Neele rief ihm noch hinterher:
«Hallo Reh, tut mir leid, ich wollte dich nicht erschrecken. Es ist nur so, ich habe meinen Fuß umgeknickt. Ich will nach Hause...und...wahrscheinlich fängt es gleich an zu regnen und ich weiß nicht, wie ich den weiten Weg alleine auf einem Bein schaffen soll.»
Das Reh schaute sie an und blieb stehen. Neele seufzte vor Erleichterung. Wenigstens war sie nicht alleine, dachte sie.

Dann bemerkte sie die ersten Regentropfen.
«Oh nein. Ich habe es doch gewusst. Was mache ich denn jetzt nur. Haaaaallo, ist denn niemand hier? Ich brauche Hilfe. Hiiiiiiiillllllllffffffffffeeeeeee.» Ihre Stimme klang zuerst kräftig und laut, doch mit der Zeit wurde sie immer leiser und trauriger. Den Gedanken, ein Ast könnte ihr helfen, verwarf sie sofort wieder. Die Äste, die sie fand, knickten ebenso schnell um, wie ihr Fuß beim Stolpern über die Wurzel. Mittlerweile kauerte Neele völlig durchnässt zusammengesunken auf dem Boden. Ihr war kalt und die Kleider klebten an ihr.

Der Regen ließ nach. Plötzlich hörte sie unerwartete Geräusche. Sofort setzte Neele sich hin und horchte in die Stille des Waldes. Es klang wie das dumpfe Trommeln von Pferdehufen auf dem Waldboden, dachte sie blitzschnell.
Und richtig: Bald sah sie ein schwarzes Pferd und seinen Reiter in einiger Entfernung vorbei traben. So laut sie konnte rief sie:
«Haaalllooo, Hiiiilllffffffffe - ich brauche Hilfe.»

Tristan hörte die Hilferufe erst schwach und dann immer lauter. Er schaute in die Richtung, aus der er die Hilferufe hören konnte und dann sah er, nicht weit weg, eine Frau am Boden sitzen. Im Galopp ritt er zu ihr hin und stieg vom Pferd:
«Was ist passiert? Hast du dich verletzt ? Kann ich dir helfen?» Vor Aufregung überschlugen sich seine Fragen.
«Ich bin über diese Wurzel gestolpert, dabei ist mein Fuß umgeknickt», sagte Neele erleichtert.
«Dich schickt der Himmel! Ich kann nicht weit gehen und habe versucht, irgendwie voranzukommen, doch es geht nicht.» Aus Neele sprudelte es nur so heraus, doch Tristan hörte gar nicht zu. Er sah nur ihre blauen Augen. Einen Moment wirkte er wie abwesend, dann fing er sich wieder.
«Warte, ich helfe dir, nimm meine Hand und halte dich fest.»
«So ist es gut.» Als Tristan Neeles Hand ergriff, fühlte er, wie kalt sie war.
«Du frierst ja, nimm meine Jacke, dann wird es dir gleich wärmer werden.»
Tristan legte seine Jacke um Neeles Schultern. Mit einem Tuch trocknete er behutsam Neeles Tränen.
Die schaute verlegen zu Boden und flüsterte:
« Es tut so weh.»
«Halte durch, ich werde dir weiterhelfen», ermutigte Tristan sie und half ihr auf das Pferd. Er selbst setzte sich hinter sie.
«Darf ich dich fragen, was eine junge Frau alleine hierher in den Wald treibt?» Wollte Tristan wissen.

«Ich war auf dem Weg nach Hause. Mein Haus liegt direkt am Wald im östlichen Teil des Stadtrands.»

Tristan bemerkte wie müde Neele war. Vor Erschöpfung lehnte sie sich an Tristan an und schlief ein. Vorsichtig ritt er mit ihr in Richtung Schloss. Für den Rückweg brauchte er doppelt soviel Zeit wie üblich. Im Schloss angekommen entschied Tristan, Neele in einem Zimmer des Nebengebäudes unterzubringen. Ganz behutsam trug Tristan sie ins Bett. Seine Eltern würden es niemals zulassen, dass Neele lange im Schloss gepflegt wurde. Das war ihm klar. Schließlich war sie keine Prinzessin.

Als Neele später am Abend in einem fremden Bett aufwachte, wusste sie nicht, wo sie war. Alles war fremd, vornehm und pompös. Ihr Blick ging abwechselnd durch das Zimmer und dann wieder zu Tristan. Große Fenster mit üppigen Vorhängen aus rotem Samt und goldene Verzierungen an den Wänden und Decken verwirrten und beängstigten Neele noch mehr. Doch Tristan saß neben ihr und das war beruhigend.
«Na, hast du gut geschlafen?» Seine Stimme klang besorgt.
«Vielen Dank, ja, das habe ich, wo bin ich?» fragte Neele.
«Du bist hier in Sicherheit. Deinen Fuß habe ich mit Umschlägen gekühlt. Deine Schwellung geht schon langsam zurück.»

Tristan war nicht nur ein Pferdefreund, sondern interessierte sich auch sehr für Medizin und hatte in Dr. Meran, dem Hofarzt und Freund der königlichen Familie, einen guten Lehrer. Neele spürte, dass ihr Fuß noch schmerzte.
«Danke für deine Hilfe. Mein Name ist Neele», sagte sie etwas verlegen.
«Ich bin Tristan.» Er nahm sie bei der Hand. Das tat Neele gut. Immer noch etwas verwirrt fragte sie:
«Wo bin ich?»
«Vertraue mir!», antwortete Tristan mit sanfter Stimme.

Mit einem Mal merkte Neele wie eine starke Müdigkeit in ihr hochkam und ihre Augenlider schwer und schwerer wurden. Dann stellte sich starkes Fieber ein. Tristan, der regelmäßig nach ihr sah, versorgte sie aufmerksam mit kalten Umschlägen. Doch es schien keine Besserung einzutreten. Beunruhigt rief er schließlich Dr. Meran zur Hilfe, der schon wenige Minuten später das Zimmer betrat. Er hatte Neele noch nie im Schloss gesehen und war deswegen sehr überrascht.

Tristan erzählte ihm was passiert war und bat Dr. Meran darum, sein Geheimnis zu wahren. Dr. Meran kannte den Königssohn schon sehr lange und hatte Vertrauen zu ihm. Natürlich gab er ihm sein Wort. Nach einer gründlichen Untersuchung verordnete er weitere Bettruhe. Tristan, der inzwischen selbst übermüdet war, saß weiter an Neeles Bett, bis auch er schließlich auf seinem Sessel einschlief. Als Neele am Morgen aufwachte, fühlte sie sich etwas besser, wusste aber immer noch nicht, wo sie eigentlich war. Sie sah auf den schlafenden Tristan und als er endlich aufwachte, erzählte er ihr, was Dr. Meran vorgeschlagen hatte. Und dann erfuhr Neele, dass Tristan niemand anderes war als der Prinz. Klar, dass Neele sehr erschrak als sie das hörte.

«Ach du meine Güte, ich bin hier im Schloss!», rief sie leicht entsetzt und schaute Tristan mit großen Augen an. Dabei fielen ihre roten langen Haare ins Gesicht. Das sah so komisch aus, dass Tristan laut loslachte. Gleich wollte Neele das Bett verlassen, um die Kinder im Heim weiter zu betreuen.
«Geht nicht!» sagte Tristan energisch,
«Dr. Meran hat dir Ruhe verordnet. Du musst erst mal wieder gesund werden!»
«Ich muss sofort im Kinderheim Bescheid sagen, damit sie sich keine Sorgen machen, denn sie wissen ja nicht, was passiert ist!»

Tristan erledigte das für sie.

Die Heilung brauchte ihre Zeit...

...denn Neele war nur knapp einer Lungenentzündung entgangen. Also behandelte der Hofarzt sie weiterhin im Schloss. Tristan war es bisher gelungen Neele gut zu verstecken und zu pflegen. Doch Neele brauchte mehr Zeit um wieder ganz gesund zu werden. Tristan wusste, dass er mit seinen Eltern sprechen musste.

Seine Eltern waren entsetzt.
«Wie konntest Du uns nur so hintergehen» schimpfte sein Vater.
«Schick sie sofort nach Hause» befahl seine Mutter.
Tristan lief wütend aus dem Zimmer. Es interessierte ihn nicht mehr, was seine Eltern noch zu sagen hatten. Wütend rannte er zu Hussan und galoppierte los. Er ritt bis zu der Stelle im Wald, wo er Neele gefunden hatte. Tristan fühlte sich schlecht, denn seine Reaktion gegenüber seinen Eltern war nicht in Ordnung gewesen und das wurde ihm von Stunde zu Stunde immer klarer. Dennoch spürte er, dass er Neele sehr mochte und alles tun wollte, um sie auch weiterhin zu unterstützen, damit sie wieder zu ihren Kräften kommen konnte. Er entschied sich, Dr. Meran zu fragen, ob er Neele eine Unterkunft anbieten konnte.

Danach ging Tristan noch einmal zu seinen Eltern.
«Ich möchte mich bei euch dafür entschuldigen, dass ich euch nichts von Neele gesagt habe. Ich habe damit gegen die Regeln gehandelt. Das ist nicht in Ordnung. Aber Neele gefällt mir, obwohl sie keine Adelige ist. Dr. Meran wird sie unterbringen und pflegen, bis sie wieder gesund ist.»
König Ludwig und seine Frau waren überrascht. So kannten sie ihren Sohn nicht. Sie nahmen sich einen Tag Zeit, um das Gesagte wirken zu lassen.

Schließlich nahmen sie seine Entschuldigung an, denn auch

ihnen war nicht entgangen, dass sich in Tristan etwas verändert hatte.

Neele konnte bei Dr. Meran gesund werden und kam schon bald wieder zu Kräften.
Tristan tat alles, um Neele zu helfen und sie aufzuheitern. Sie lernten sich näher kennen, denn beide hatten Zeit genug, viel aus ihrem Leben zu erzählen.
Und so erfuhr Tristan, dass Neele irgendwann einmal ein eigenes Kinderheim aufmachen wollte, um vielen anderen Kindern ein zu Hause geben zu können. Neele beschrieb das Heim in allen Einzelheiten, so als sei es längst da. Niemand würde sie von diesem Plan abbringen können. Das spürte Tristan. Er selbst wollte unbedingt Arzt werden.

«Du wirst bestimmt einen Arzt in deinem Kinderheim brauchen?» sagte er grinsend.
Neele erschrak bei dem Gedanken:
«Tristan, hast du dir das auch gut überlegt. Ich meine, wenn du als Arzt tätig sein willst, dann bedeutet das...»
«Genau, es bedeutet, dass ich auf meinen Thron und mein Erbe verzichten will!» beendete er den Satz für Neele.
Neele war hin und hergerissen. Auf keinen Fall wollte sie ihm zeigen, wie verliebt sie war. Ich bin ein bürgerliches Mädchen und kann keinen Prinzen heiraten, sagte sie sich immer wieder. Und wenn er mich doch heiratet, muss er auf den Thron verzichten und dafür wird er mich eines Tages vielleicht hassen. Und überhaupt: Wahrscheinlich wird er als Arzt sowieso nicht glücklich und mit einer Bürgerlichen schon gar nicht. Wenn alle Leute tuscheln. In ihrem Kopf ratterte es. Sie fühlte sich immer schlechter. Dennoch schwieg sie. Tristan spürte an ihrem Schweigen, dass sie etwas belastete.
«Glaubst du, ich würde nicht glücklich werden, wenn ich ein einfaches Leben führen würde?» Neele nickte.

In den darauf folgenden Wochen vereinbarten die beiden, sich weniger zu sehen, weil Tristan für sich klären wollte, ob er diesen Schritt wirklich gehen wollte. Immer wieder dachte er darüber nach, wie es wohl sein würde, als Arzt zu arbeiten und wie schön es sein würde, wenn Neele seine Frau wäre. Sein ganzes bisheriges Leben verbrachte er auf dem Schloss. Er fragte sich, ob er sich eine zu einfache Vorstellung vom bürgerlichen Leben machte. Es gab Tage, da wünschte er sich nichts sehnlicher, als mit seiner Neele zusammen zu sein und wieder andere, an denen er sich vorstellte, als König zu regieren und Macht zu haben.

Auch Neele tat der Abstand gut. Sie fühlte, dass sie genau wie Tristan Klarheit haben wollte. Ihre Entscheidungen sollten unabhängig voneinander getroffen werden. Der Gedanke beängstigte sie, dass sie der Grund für seinen Verzicht sein könnte. Außerdem wollte ja auch sie ihre Pläne umsetzen. Zweifel kamen in ihr hoch, ob Tristan auch ihr die Freiheit dazu lassen würde? Vielleicht wollte er, dass sie nur noch für ihn da war? Diese Fragen plagten sie bis zu ihrem nächsten Treffen.

Einige Tage später sahen sich die beiden endlich wieder und sie spürten, wie sehr sie sich vermisst hatten. Neele wollte auf jeden Fall Tristan von ihren Bedenken erzählen, doch Tristan kam ihr zuvor und überraschte sie mit einem Antrag:
«Liebe Neele, du weißt, dass ich dich liebe. Und wenn du es auch noch so verbergen wolltest, ich habe es doch gemerkt: Du liebst mich auch. Lass uns zusammenleben. Ich möchte mit dir gemeinsam durchs Leben gehen.» Neele traute ihren Ohren nicht.
«Aber Tristan», meinte sie verlegen,
«Du bist ein Königssohn und ich nur ein einfaches Mädchen. Willst du wirklich auf deinen Thron verzichten?»
Doch Tristan ließ sich nicht beirren:
«Neele, ich wünsche mir ganz fest, dass du meine Frau wirst und ich weiß jetzt, dass ich ohne Thron glücklich werde.»

«Ich weiß nicht», sagte Neele zögerlich. Tristan war verwirrt. «Aber ich weiß doch, wie wichtig es für dich ist, dass auch du deine Pläne umsetzen willst. Ich will dich dabei unterstützen, so wie auch ich deine Unterstützung brauchen werde!»
Nun konnte sich auch Neele nicht länger zurückhalten.
Überglücklich schlossen sie sich in die Arme und weinten vor Glück.

Nach einigem Zögern stimmten Tristans Eltern der Heirat zu, aber er musste auf den Thron verzichten und seinem Bruder Lukas die Königswürde überlassen. Das machte Tristan nichts aus, denn er hatte dafür seine liebe Neele.

Sicher wollt ihr wissen, was aus ihnen geworden ist:
Tristan wurde ein tüchtiger Arzt. Er und Neele ließen ein großes Kinderheim bauen, in dem viele Kinder leben und aufwachsen konnten.
Dort lebten sie glücklich und zufrieden. Da ihnen selbst der Kinderwunsch nicht erfüllt wurde, waren sie für viele viele Kinder gute Eltern...

...und wenn sie nicht gestorben sind, dann leben sie noch heute!

Die grüne Quelle

Wisst ihr, was mich noch beschäftigt?
Sicher erinnert ihr euch an Tristan, den ältesten Königssohn, der sich entschieden hat als bürgerlicher Arzt gemeinsam mit Neele zu leben. Ich finde seine Entscheidung mutig. Schließlich verzichtet er auf den Thron und gibt damit sein Leben auf dem Schloss auf. Er entscheidet sich, einen anderen Weg zu gehen, als seine Eltern, weil er tief in seinem Herzen fühlt, dass dieses Leben ihn erfüllen wird. Das finde ich toll.

«Du denkst nach, stimmt´s?» fragt meine kleine Begleiterin.
«Dir entgeht wirklich nichts, Pele. Ja, stimmt. Ich denke über Tristans Entscheidung nach. Und ich finde sie sehr mutig.»
«Mmmmh, finde ich auch. Er hört auf sein Herz! Ich mag die Geschichte von Neele und Tristan sehr. Sogar sehr sehr», betont Pele.
«Sag mal, habe ich dir eigentlich schon mal erzählt, welche Aufgaben die Großväter und Väter in unserem Regenbogenland haben?»
«Nein, aber das habe ich mich auch schon gefragt?»
«Und was glaubst du sind ihre Aufgaben?»
«Das ist wirklich eine schwierige Frage. Lass mich mal laut nachdenken, vielleicht fällt es mir ja ein. Die Regenbogenfrauen füllen mit ihrer Gedankenkraft und ihrem Gesang die Lichtquellen.

Erst dann können die Farben in die Welt hinaus strömen. Aber was machen die Frauen, wenn sie sich kraftlos fühlen oder schlechte Gedanken haben? Ja, genau, das könnte es sein. Was machen die Frauen dann? Vielleicht besteht eine der Aufgaben der Regenbogenmänner darin, die Frauen zu unterstützen, damit sie in ihrer Kraft bleiben.»

«Jaaaa. Woher haste denn das?» lacht Pele. Sie freut sich natürlich, dass ich mich endlich mal traue auszusprechen, was mein Bauch schon lange gefühlt hat. Daraufhin erklärt mir Pele ganz genau, welche Aufgaben die Großväter und Väter haben.

«Die Regenbogenmänner unterstützen die Frauen, indem sie ihnen über ihre Gedanken viel Kraft schicken. Die Frauen brauchen ihre Kraft zum Reinigen der Farben. Es ist nämlich so: Wenn die Lichtfarben durch die Fenster hinaus fließen, saugen die Farben, ähnlich wie Staubsauger, alles Schlechte auf. Anschließend schweben sie durch die Fenster wieder zurück ins Regenbogenland. Danach reinigen die Großmütter und Mütter die Farben in den Quellen von Schmutz und schlechter Energie. Jetzt weißt du auch, dass die Fenster die Verbindung zwischen dem Regenbogenland und den Welten sind. Auch du hast dich mit der Kraft deiner Gedanken aus deiner Welt durch die Fenster zu uns ins Regenbogenland gebracht. Genauso bin ich umgekehrt über die Fenster in deine Welt gelangt. Und die Regenbogenmänner bauen unsere Fenster!»

«Ach so, über die Regenbogenfenster seid ihr mit den Außenwelten verbunden. Die Aufgabe der Männer besteht also darin die Fenster zu bauen. Heißt das auch, dass jeder zu euch kommen kann?»

«Nööööö. Die Regenbogengroßväter haben ihren Söhnen, so wie die Großmütter ihren Töchtern beigebracht, ihre Gedankenkraft zu nutzen. So wie die Frauen lernen, die Quellen zu füllen und zu reinigen, beschützen die Regenbogenväter ihre Familien. Sie konzentrieren ihre Gedanken darauf, dass nur Besucher kom-

men, die in sich hinein zu schauen bereit sind.»
«Du meinst, wenn jemand versucht die Regenbogenfenster zu öffnen und einzutreten, müssen seine Gedanken mit der Gedankenkraft der Männer übereinstimmen? So wie nur der richtige Schlüssel eine Tür öffnet?»
«Ja, das hast du schön gesagt. Die Gedankenkraft der Regenbogenmänner ist so eingestellt, dass nur bestimmte Schlüssel passen.»

Ich fühle mich geehrt. Mein Schlüssel hat gepasst. Diese Erkenntnis fasziniert mich so sehr, dass ich das Wichtigste vergessen habe. Wir sitzen mittlerweile an der grünen Quelle.
«Eine Geschichte habe ich noch für dich, willste?»
«Ja klar!» Und dann drücken wir beide uns wieder an der Fensterscheibe die Nasen platt, um nur ja nichts zu verpassen.

Großvater Tassilos Geheimnis

s war einmal vor langer, langer Zeit im fernen Bergdorf Tuschuga ein verzauberter Brunnen.

Von Jahr zu Jahr erzählten die Dorfbewohner die Geschichte von der bösen Hexe, die den Steinbrunnen nahe bei der Stadtmauer mit ihrer Zaubermacht verhext hatte. Die Menschen mieden diesen Platz aus Angst, in den Machtkreis der Hexe zu gelangen.

Auch Großvater Tassilo warnte seinen Enkel Maram eindringlich, in die Nähe des Steinbrunnens zu gehen.
«Ich habe von der Hexe etwas gehört Großvater, aber erzähle mir bitte mehr!» bat Maram, während sie gerade dabei waren, die Holzbank im Garten vor Großvaters Haus zu reparieren.
Es war September, aber die Sonne hatte noch viel Kraft. Den beiden war vom Arbeiten heiß und so gönnten sie sich eine Pause. Maram holte noch einen erfrischenden Trunk aus dem Haus.

Dann setzten sich Großvater und Enkel in den Schatten einer Birke und Tassilo begann zu erzählen:
«Seit jeher erzählt man sich, dass die Hexe die Tochter des Königs in diesem Brunnen gefangen hält. Manchmal kann man bei Mondlicht den wunderschönen Gesang des Mädchens hören. Die Prinzessin soll sehr schön sein. Ich habe gehört, dass die Magie des Brunnens sie nicht altern lässt. Sie ist noch so jung geblieben, wie an dem Tag, als sie gefangen genommen wurde.

Doch sobald sich jemand dem Brunnen nähert, zeigt sich die böse Hexe!»

«Hat denn jemals einer die Hexe gesehen?» fragte Maram und wunderte sich, dass der Großvater ihn recht seltsam anschaute, als er antwortete:

«Erst vor einem Jahr habe ich versucht, mich dem Brunnen zu nähern, doch eine geheimnisvolle Macht nahm mir die Kraft, sodass ich fast erstarrt wäre. Dann erschien die alte Zauberin, hässlich, fruchterregend und drohte:

Näherst du dich noch einmal dieser Stelle, dann kostet dich das dein Leben.

Seitdem war ich nicht mehr dort.»

«Aber wieso hat die Hexe die Tochter des Königs in den verzauberten Brunnen eingesperrt?» wollte Maram wissen.

Tassilo sah plötzlich unbeschreiblich traurig aus und sprach mit heiserer Stimme weiter:

«Die Hexe hat vielen Menschen in unserem Land geschadet. Darum wollte unser König den Turm der Hexe vernichten lassen und sie wegen ihrer bösen Taten ins Gefängnis sperren. Er schickte Soldaten zum Turm, die der Hexe eine Verletzung auf der linken Schulter und ihrem Herzen zufügten. Dadurch verlor sie ihre Zaubermacht und konnte eingesperrt werden. Die alte Zauberin tobte vor Wut und schwor finstere Rache. Die Soldaten hatten nämlich vergessen, den schwarzen Raben der Hexe zu töten. Der Rabe gehorchte der Hexe aufs Wort und weil er durch das Gitter schlüpfen konnte, brachte er nach und nach alle nötigen Zutaten für einen Hexentrunk in das Verlies. Als die Hexe ihn zubereitet und getrunken hatte, kehrte ihre Zauberkraft zurück. Mit einem Zauberspruch öffnete sie die Türen des Kerkers, floh und entführte die einzige und wunderschöne Tochter des Königs. Sie nahm die junge Prinzessin Sarah in der Tiefe des Steinbrunnens gefangen und legte einen starken Zauber über ihn.

Darum kann sich niemand dem Brunnen nähern. Tut er es doch, dann trifft ihn ein schlimmes Unglück.»

Großvater Tassilo wischte sich eine Träne aus dem Auge und fuhr fort:

«Der König konnte das Unglück seiner Tochter nie verkraften. Er machte sich schwere Vorwürfe und gab sich selbst die Schuld an allem, was geschehen war. Als wäre das noch nicht genug, traf ihn ein weiterer Schicksalsschlag. Seine geliebte Frau, die Königin Tatjana, verstarb nur wenig später an den Folgen einer unheilbaren Krankheit. Vor lauter Trauer um die verlorene Tochter und seine verstorbene Frau mochte er nicht länger König sein und übergab die Krone seinem Nachfolger.» Während Tassilo das erzählte, füllten sich seine Augen mit Tränen. Er ergriff die Hand seines Enkels und weinte bitterlich.

Zuerst konnte Maram sich nicht erklären, warum die Geschichte seinen Großvater so traurig machte, doch als Tassilo weiter erzählte, ahnte er den Grund:
«Mein lieber Junge, jetzt ist die Zeit gekommen, dir die ganze Geschichte zu erzählen: Du weißt, ich habe dich immer aufgezogen, wie meinen eigenen Enkel. Doch dein richtiger Großvater bin ich nicht. Als du ein Jahr alt warst, kamen deine Eltern durch einen Unfall ums Leben.»

Maram traute seinen Ohren nicht und es verschlug ihm die Sprache. Jahrelang hatte Tassilo ihn in dem Glauben gelassen, er sei sein echter Großvater. Mit einem Mal zerriss alles. Mit großen, verwirrten Augen sah Maram den Mann vor sich an. Er kam ihm plötzlich fremd vor. Tassilo ist nicht mein Großvater, hämmerte es immer wieder in seinem Kopf. Die nächsten Worte hörte er wie in Trance.
«Die Schwester deiner Mutter, deine Tante Surana bat mich, dich

aufzunehmen. Sie kannte mich schon lange und wusste wie traurig und einsam ich war. Da du immer ein lebensfrohes Kind warst, ging es mir seitdem besser. Du hast soviel Lebendigkeit mit deiner aufgeweckten, ehrlichen und natürlichen Art in mein Leben gebracht! Surana hat es wohl geahnt, dass dein Überleben auch mein Überleben bedeuten würde und richtig gehandelt.»
Maram fühlte sich augenblicklich wie in einem schlechten Traum und spürte, wie Wut in ihm hochstieg. In einem harten Tonfall fuhr Maram Tassilo an:
«Ich will nichts mehr hören. Ich will alleine sein und überhaupt, weißt du, was du mir damit antust?» und schon lief Maram davon. Tassilo konnte ihn nicht mehr aufhalten und schaute ihm weinend nach. Das hatte er nicht gewollt.
«Ach, hätte ich es ihm doch nur ersparen können!», flüsterte er leise vor sich hin.

Maram floh in die alte Hütte, die ihnen gehörte, nahe den Bergen. Tagelang igelte er sich dort ein. Fluchend lief er in der Hütte auf und ab. Eines Morgens wachte er auf und merkte, dass seine Wut verraucht war. Er war jetzt nur noch traurig. Stundenlang lief er durch die Berge, weil er glaubte, er bekäme keine Luft mehr. Dass Tassilo nicht sein Großvater war, dass schaffte ihn am meisten. Als er irgendwann den Sonnenuntergang bestaunte und das Abendrot den ganzen Himmel einfärbte, da dachte er zum ersten Mal wieder an Tassilo und fragte sich, wie es ihm in den vergangen Tagen ergangen war? Auch wenn Tassilo nicht sein leiblicher Großvater war, so hatte er sich doch immer liebevoll um ihn gekümmert. Maram spürte, dass er Sehnsucht nach Tassilo hatte. Am nächsten Tag machte er sich auf den Heimweg. Tassilo erkannte ihn schon von Weitem an seinem Gang und freute sich, dass Maram wieder kam. Er war aufgeregt und hoffte, dass Maram ihm seine Lüge verzeihen würde. Die beiden blieben vor einander stehen und fielen sich dann in die Arme. Einige Minuten konnte Maram nicht nur seinen, sondern auch den tiefen Schmerz Tassilos spüren.

«Mein lieber Maram, ich möchte mich bei dir entschuldigen. Ich wollte dich nicht verletzen. Ich dachte, du seist noch zu klein, um das alles zu verstehen. Vielleicht hätte ich es dir doch schon früher sagen sollen.» Maram legte seine Hand auf Tassilos Schulter.
«Lieber Großvater, ich bin immer noch verwirrt. Doch eines ist mir klar geworden. Du hast mich immer geliebt. Sicherlich hat meine Tante die richtige Entscheidung getroffen, dass ich bei dir aufwachsen konnte. Danke, dass du so gut auf mich aufgepasst hast.»
«Und ich möchte auch dir aus ganzem Herzen danken, weil ich durch dich am Leben geblieben bin», sagte Großvater Tassilo ganz berührt.
«Wolltest du mir nicht neulich noch etwas erzählen?», fragte Maram. Und er hatte recht. Etwas Unbeschreibliches kam auf ihn zu. Das spürte er. Er verstand aber immer noch nicht, was das alles mit dem verzauberten Brunnen und der Prinzessin darin zu tun haben sollte. Der alte Mann nahm Maram bei der Hand und schaute ihn weise an. Über seine Wangen flossen Tränen, als er flüsternd sagte:
«Ich bin jener König, dem die böse Hexe die über alles geliebte Tochter raubte.»

Maram im Reich der Elfe Tajou

Nach den letzten Worten saßen beide zunächst wie versteinert nebeneinander. Es dauerte einige Minuten, bis sie ihre Sprache und ihre Fassung wiedergefunden hatten. Maram wurde ganz schwindelig.
«Jetzt verstehe ich warum du mir erst jetzt davon erzählst», sprach Maram fast flüsternd.
«Gibt es denn niemand, der die Prinzessin befreien kann?»

«Du könntest es tun.» antwortete Tassilo.
«Was kann ich tun, um deine Tochter zu befreien?» fragte Maram ungeduldig und fest entschlossen sich sofort auf den Weg zu machen.

Tassilo war über Marams Reaktion und Hilfsbereitschaft erfreut und sagte sichtlich gerührt:
«Ich hatte sehr gehofft, dass du helfen würdest. Du bist aber nicht alleine, wenn du die Gefahr auf dich nimmst, die Hexe zu überlisten. Die Elfe Tajou wird dir helfen. Nur mit ihr zusammen kannst du es schaffen. Sie lebt hinter dem tiefen Wald, gleich am Seeufer. Nur jemand, der kein Blutsverwandter meiner Tochter ist, kann sich mit der Elfe verbünden und meine Tochter Sarah retten.»
Da sagte Maram entschlossen:
«Ich werde mich noch heute auf den Weg machen!»
Aufmerksam lauschte er den Worten des alten Mannes, der ihm den Weg zu Tajou beschrieb. Zum Abschied umarmten sich die beiden fest und Tassilo wünschte Maram Glück. Er gab ihm noch einen blauen Edelstein mit auf den Weg und sagte:
«Dieser Lapislazuli soll dir Selbstvertrauen geben und dich beschützen. Wenn du ihn schon jetzt als Halskette tragen möchtest, wirst du spüren, welche Kraft von ihm ausgeht.»
Maram bedankte sich für den wunderschönen Talisman. Als er ihn um den Hals legte, spürte er sofort die starke Kraft, die durch seinen ganzen Körper floss.

Marams Reise

Marams Reise führte durch dunkle Wälder. Angetrieben von seinem Ehrgeiz, gönnte er sich weder Rast noch Ruh. Nebel kam auf.
«Bin ich in Gefahr mich zu verirren?», dachte Maram. Aber sein starker Wille überwand die Angst. Er hatte nur einen einzigen Gedanken und ein Ziel: Er musste Tajou finden!

Nach langer kräftezehrender Wanderung näherte sich Maram endlich dem Ziel. Mit einem Mal wichen die Nebelschwaden zurück. Der Weg weitete sich und gab den Blick auf eine blaue glitzernde Wasserfläche frei. Das musste der See sein, an dem er Tajou finden sollte. Überglücklich und zugleich erschöpft näherte er sich dem Ufer. Eine geheimnisvolle Landschaft umgab ihn. Das Grün der Bäume wirkte satter und voller als anderswo und in der Mitte des Sees sprudelte eine Quelle. Das Wasser war so klar, dass Maram bis auf den Grund sehen konnte. Kleine Fische schwammen zwischen Kieselsteinen und wunderschönen Wasserpflanzen umher und weiße Seerosen zierten, wie auf grünen Blättern schwebend, einen Teil der Oberfläche. Alles war friedlich und ruhig.
Maram zog seine Schuhe aus, was nach der langen Wanderung wohltuend war. Dann schloss er für einen Moment seine Augen und holte tief Luft. Er spürte das weiche und kühle Moos, das wie Balsam unter seinen schmerzenden Füßen war, hörte das Zwitschern der Vögel, das Plätschern der Quelle und roch den Duft der Kräuter und Blüten in der angenehmen Luft. Ruhig und entspannt öffnete er schließlich wieder seine Augen. Dann kniete er nahe am Wasser nieder, formte die Hände zu einer Mulde und schöpfte klares, frisches Quellwasser, um seinen Durst zu löschen. Das weckte seine Lebensgeister neu und Maram fühlte sich so, als hätte er sich eben erst auf den Weg gemacht.

Mit einem Mal war es, als hätte Maram hinter sich eine zarte Stimme vernommen.

Er wandte sich um und erblickte ein so anmutiges Wesen wie er noch nie eines gesehen hatte. Es war klein und zierlich, trug ein fließendes zartgrünes Kleid und hatte auf dem Rücken zarte dunkelgrün schillernde Flügel. Ein bunter Blumenkranz schmückte die langen glatten Haare. Maram blickte in liebevolle grüne

Augen, die ihn aufmerksam ansahen.
«Hallo Maram, ich habe dich bereits erwartet. Ich freue mich, dass du deine erste Prüfung bestanden hast, in dem du zu mir gefunden hast. Ich bin Tajou», sagte das anmutige Wesen und fuhr fort:
«Elfen können hellsehen und sich unsichtbar machen. Ich habe dich auf deinem Weg begleitet und beschützt, vielleicht hast du das gespürt.» Maram nickte leicht, es schien ihm die Sprache verschlagen zu haben. Dann reichte die Elfe dem jungen Mann ihre zarte Hand, von der eine wohlige Wärme ausging. Ohne ein Wort zu sagen verharrten beide eine ganze Weile am selben Platz.
Nie zuvor hatte Maram so etwas gefühlt. Alle Ängste und Zweifel waren von ihm gewichen.

Tajous Elfenhaus schmiegte sich an den Stamm einer mächtigen Kastanie direkt am Seeufer. Als Maram das Haus betrat, sah er in der Mitte des Zimmers einen runden Holztisch, auf dem ein kleines Gestell mit einer Kristallkugel stand. Es roch angenehm nach Vergissmeinnicht. Maram durfte in einem braunen Ohrensessel Platz nehmen.
Immer noch war er von der unbeschreiblichen Schönheit der Elfe beeindruckt und auch von der magischen Kraft, die von ihr ausging. Sie zog die Kristallkugel zu sich und ließ die Handflächen über die klare glatte Oberfläche gleiten. Dann sprach sie magische Worte, die Maram nicht verstand. Er starrte wie gebannt auf ihre Kugel. Sie erhellte sich mehr und mehr, bis plötzlich Prinzessin Sarah in ihr zu sehen war, wie sie singend tief unten im Brunnen saß.
«Großvater hatte Recht. Sie hat eine wunderschöne Stimme und ist unbeschreiblich schön und jung geblieben», meinte Maram gerührt.
Fasziniert von ihrer Schönheit sprach er weiter:
«Noch nie zuvor in meinem Leben habe ich solch eine Frau gesehen.»

Ihre braunen langen Haare bedeckten ihren Rücken und auch sie sah ein bisschen aus wie eine Elfe. Vielleicht waren es ihre sanften Augen, die wie dunkelbraune Edelsteine funkelten. Vielleicht auch ihre zarte Haut und die wohlgeformten Lippen. Sie war wirklich eine Schönheit.
In seinem Herzen spürte er einen tiefen Schmerz, als er die Prinzessin in ihrer traurigen Lage sah.

Tajou war das nicht verborgen geblieben, aber sie musste den Jüngling aus seiner traurigen Stimmung befreien, denn er hatte noch eine schwere Aufgabe zu erfüllen. Und so erklärte ihm die Elfe:
«Wenn wir heute aufbrechen, erleben wir eine sternklare Nacht und der helle Vollmond wird unseren Weg bescheinen, sodass wir sicher und schnell auf meinem Schimmel Oka den Wald durchqueren und Prinzessin Sarah erlösen können.»

Prinzessin Sarahs Erlösung

Dann erklärte Tajou Maram ihren Plan:
«Um Mitternacht ist die Hexe nicht in der Nähe des Brunnens. Das ist für dich die Stunde der Bewährung. Zuerst werden wir über die Kristallkugel Kontakt mit Sarah aufnehmen. Ich löse den Zauber und vertraue dir Sarah an, die du so schnell du kannst auf dem Rücken meines Schimmels zu ihrem Vater Tassilo bringst. Du darfst aber nicht dort bleiben, sondern musst vor der Hexe am Brunnen zurück sein und dich dort verstecken. Statt der Prinzessin werde ich am Grund sitzen und singen, so dass sie nichts merkt. Sobald die Hexe erscheint, wirst du sie mit meinem silbernen Schwert an der linken Schulter bis zu ihrem Herzen verletzen. Dann kann sie dir nichts mehr antun.»

Tajou reichte Maram noch einen stärkenden Kräutertrunk. Ihr Schimmel trug bereits eine grüne mit Sternen bestickte Decke. In

den Seitentaschen der Decke befanden sich die Kristallkugel und das Elfenschwert. Das Traditionsschwert aller Elfen. Es war eine Ehre für Tajou, ausgewählt zu sein. Von Generation zu Generation wurde das silberne Schwert weitergereicht. Es besaß alle Kräfte der Elfen, doch es durfte nur zum Ausgleich des Bösen eingesetzt werden.
Nun spürte Tajou, dass der richtige Moment gekommen war. Gemeinsam waren sie nun bereit, ihre Reise anzutreten. Es schien, als sei Oka der Weg durch den Wald bekannt. Der Mond strahlte in seiner vollen Pracht, wie die Elfe es vorhergesagt hatte.

Als sie sich dem Steinbrunnen an der Stadtmauer näherten, schlug die nahe Turmuhr zwölf.

Tajou nahm die Kristallkugel, strich wieder mit ihren Handflächen über die Oberfläche und murmelte einen Zauberspruch. Sogleich erschien die Prinzessin in der Kugel.
«Sarah, höre auf mich», sagte Tajou, mit jener sanften und weichen Stimme, mit der sie auch Maram am Ufer des Sees begrüßt hatte.
«Es wird dir bald gut gehen. Vater Tassilo hat dir deinen Retter geschickt.»
Sarah hob ihren Kopf und ihre Augen glänzten hoffnungsvoll.
«Mein Vater ... mein Retter...wer seid ihr?», fragte Sarah dennoch ängstlich.
«Vertraue uns! Ich bin die Elfe Tajou und bei mir ist Maram. Wenn ich zu dir hinunter komme, werde ich dich vom Fluch der Hexe befreien. Maram und mein Schimmel Oka werden dich sicher zu deinem Vater Tassilo bringen.»

Dann rüstete die Elfe Maram mit dem Elfenschwert aus. Tajou stand vor Maram. Dieser schaute gespannt auf das Schwert, welches aus Silber angefertigt war und an der Halterung mit unzähligen Edelsteinen versehen war. Als Tajou Maram das

Elfenschwert überreichte, berührten sich ihre Hände und es war, als wenn in diesem Augenblick der ganze Elfenstamm versammelt war. Maram hatte eine bezaubernde Melodie in seinen Ohren, die ihn stärkte. Gleichzeitig schwebte Tajou hinab in den Brunnen und berührte dort Prinzessin Sarah. Sie sprach einen wohlklingenden und heilenden Elfenspruch. Im gleichen Moment wurde es hell und Sarah war in weißes Licht eingehüllt. Wie eine Feder schwebte sie nach oben. Prinzessin Sarah fühlte sich, als sei eine schwere Last von ihr abgefallen. Ihre Erleichterung konnte wenig später sogar Maram spüren, als er sie in seine Arme nahm und flüsterte:
«Liebe Sarah, es ist vorbei. Du bist erlöst. Ich bringe dich nun zu deinem Vater.»
Alles ging so schnell, dass Sarah nicht dazu kam irgendetwas zu sagen. Es war ihr als würde sie träumen. Sie fühlte sich so leicht, wie nie zuvor in ihrem Leben. So bestiegen sie Oka und galoppierten so schnell sie konnten auf Tassilos Haus zu. Dort schlossen sich wenig später Vater und Tochter überglücklich in die Arme.

Maram, bewaffnet mit dem Elfenschwert, galoppierte mit Oka sofort zum Brunnen zurück, wo sich beide hinter einem Haselnußstrauch versteckten.

Gefährliches Hexenabenteuer und glückliches Ende

Alsbald war in der Ferne ein dumpfes Grollen zu hören, das schnell lauter wurde, bis mit gewaltigem Getöse die Hexe auf einem Baumstumpf reitend vor dem Brunnen landete. Das Singen der Elfe war nicht von der Prinzessin zu unterscheiden, sodass die Alte erst einmal keinen Verdacht schöpfte. Doch dann trat Maram aus seinem Versteck hervor. Um ein Haar wäre er dem bösen Zauber der Hexe unterlegen. Doch die Elfe Tajou schützte ihn mit magischer Kraft und setzte einen unsichtbaren Schutzwall zwischen Maram und der Zauberin. Diesen konnte nur der junge

Mann durchdringen. Mutig trat Maram der Alten entgegen, die auf ihrer linken Schulter ihren Gehilfen den schwarzen Raben trug. Maram verfehlte mit seinem ersten und zweiten Schwerthieb sein Ziel, sodass der Rabe krächzend auf ihn flog. Damit löste er unerwartet den Schutzwall auf. Die alte Hexe konnte nun Maram mit einem ihrer Flüche gefangen nehmen. Als sie die ersten Worte sprach wurde Maram schwindelig. Er war kurz davor sein Gleichgewicht zu verlieren. In allerletzter Sekunde berührte seine Hand das Elfenschwert und zog es aus der Halterung heraus. Wieder hörte er die kraftvolle Melodie der Elfen. Er riss das Schwert blitzartig in die Höhe. Erschrocken fiel der Rabe zu Boden und seine Hexenmeisterin unterbrach überraschend den Fluch. Ehe sie sich versah, versetzte Maram ihr einen kräftigen Schwerthieb, der ihre linke Schulter bis tief in ihr Herz verletzte. Laut und grell schrie sie auf und sank vom Schmerz betäubt zu Boden.

Sogleich schwebte Tajou aus dem Brunnen und entzauberte die Hexe endgültig. Elendig am Boden kauernd starb sie wenige Augenblicke später und verfiel genau wie der schwarze Rabe zu Staub. Kaum war das geschehen, da leuchteten die Sterne heller als zuvor und ein frischer Lufthauch brachte angenehme Kühle.

Nun ritten Tajou und Maram zu Tassilos Haus, wo beide gespannt auf sie gewartet hatten.

Dort gab es wahrhaftig viel zu feiern.
Sarah und ihr Vater konnten ihr Glück immer noch nicht fassen und weinten viele Freudentränen.
So feierten sie gemeinsam viele Tage...

Ein wertvolles Geschenk

Nun kennt auch ihr das Geheimnis des verzauberten Brunnens.

Zum Abschluss möchte ich euch vom Ritual des Füllens erzählen, das ich an der grünen Quelle, die wir als letzte besucht haben, mitfeiern durfte.

Ihr wisst ja, dass sich die Regenbogengroßmütter, Mütter und Kinder jeden Tag an den Quellen treffen, um den farbigen Nebel mit ihrem Gesang und ihrer Gedankenkraft aufzufüllen. Es hat sich wohl offensichtlich schon herum gesprochen, dass ich Peles Besuch bin. Die Regenbogenfrauen und Kinder nehmen mich herzlich auf. Ich sitze mit im Kreis, schließe meine Augen und höre einen wunderschönen Frauengesang. Davon bekomme ich Gänsehaut am ganzen Körper. Mein Herz öffnet sich wie eine Blume, die aus ihrem Winterschlaf aufwacht.

Dann stelle ich mir die Farbe Grün ganz deutlich vor. Pele sitzt rechts von mir und ich höre ihre sanfte Stimme singen. Eine Träne kullert über mein Gesicht. Alle Momente, die ich mit Pele gemeinsam erlebt habe, ziehen an mir vorbei. Wie Szenen aus einem Film. Ich sehe mich an meinem Schreibtisch sitzen, als das kleine Etwas aus dem Regenbogenland zu mir sagt:
«Haaaaaaaaaaaaaaaalllllllllllllooooooo, ich bin´s! Pele aus dem

Regenbogenland!»

Ich sehe mich, wie ich hoch konzentriert tief in meinen Bauch atme, um die Schmetterlinge in mir zum Fliegen zu bringen. Ich spüre meine Sehnsucht, meine kleine Freundin aus dem Regenbogenland wiederzusehen. Und ich sehe, wie mich meine Gedanken in Windeseile ins Regenbogenland gebracht haben. Die wunderschönen Farbquellen, die mir Klarheit und Kraft gegeben haben, tauchen vor mir auf. Und natürlich Peles Freunde, die wir von den Regenbogenfenstern aus gesehen haben.

Als ich meine Augen wieder öffne ist die Quelle tatsächlich aufgefüllt und sprudelt kräftig und gleichmäßig. Wir bleiben noch einen Moment gemeinsam im Kreis sitzen und ich schaue in die Gesichter der Regenbogenfrauen. Sie strahlen soviel Sanftheit und Geborgenheit aus, dass ich in mir ein tiefes Gefühl von Frieden spüre. Ich bedanke mich bei jedem, dass ich Gast sein darf und ich werde eingeladen jederzeit wiederzukommen. Pele steht ganz stolz neben mir und ich nehme die Kleine auf meinen Arm, bevor wir uns verabschieden.

Ich drücke Pele ganz, ganz fest und bedanke mich für all das, was ich durch sie gelernt habe. Mein Geschenk, der türkisfarbene Diamant, wird einen ganz besonderen Platz in meiner Wohnung bekommen.

Übrigens, bin ich auf dem gleichen Weg wieder nach Hause gekommen und freue mich schon jetzt auf ein Wiedersehen mit meiner Freundin Pele im Regenbogenland.

Die Postkarte

Da sitze ich wieder zu Hause am Schreibtisch und trinke meinen geliebten Zimttee. Vor mir türmt sich ein Stapel Post und ich frage mich, wie lange ich wohl im Regenbogenland gewesen bin?
Wie gebannt schaue ich auf den Stapel. Aus der Mitte lugt vorwitzig eine Postkarte hervor. Schnell ziehe ich sie heraus und lese auf der Vorderseite den Namen Pele. Ein kurzer Schauer läuft mir den Rücken hinunter. Was wohl auf der Rückseite steht?
Na dann setzt euch mal hin...

Schnell drehe ich die Karte um und schaue auf den Stempel oben rechts:
«Hawaii? Ich verstehe nicht? Was hat Pele mit Hawaii zu tun?»

Viele sonnige Grüße von Hawaii!
Wir genießen unseren Urlaub und sind fasziniert von den vielen Geschichten, die wir hier erfahren. Eine Legende handelt von der Göttin Pele, die den Menschen immer kurz vor dem Ausbruch des Vulkans erschienen ist. Noch heute fühlen sich Menschen von ihr angezogen, weil Pele sie an ihre Kraft, Lebendigkeit und die neuen Möglichkeiten im Leben erinnert...

Gedankenverloren drehe ich die Postkarte von meinen Freunden um und schaue mir die Göttin Pele von Hawaii an.
Auf jeden Fall hat meine kleine Pele mit der großen Pele einiges

gemeinsam.
Es gibt Dinge im Leben, die oft ganz anders sind, als sie anfangs scheinen. Wenn wir bereit sind uns zu öffnen, sehen wir die Dinge, wie sie wirklich sind.

 Sandra Baggeler wurde am 10.05.1976 in Köln geboren. Nach der Mittleren Reife lernte sie zunächst Hotelfachfrau, ehe sie 1997 ihr Diplom als Mentaltrainerin sowie eine Weiterbildung in ChiAi- Massage machte. Derzeit absolviert sie eine Ausbildung bei Dr. Klaus Biedermann zum System-Coach, Organisations-u. Familienstellen nach Hellinger. Das Tagungs- und Seminarzentrum des elterlichen Landhauses Gut Keuchhof in Köln-Lövenich organisiert sie mit.

Bevor sie in das Regenbogenland eintauchte, veröffentlichte sie 2003 ihre Fotoagrafien "Augen-Blicke" gemeinsam mit Ihren Seelentexten, einer Textkombination aus Prosa und Lyrik.

Gegen Ende 2003 veröffentlichte sie auf einer Vernissage gemeinsam mit der Künstlerin Ulla Rother das Buch "Berührende Momente" unter dem Motto "Engelscher met Hätz un Jeföhl".

Ziel ihrer Arbeit ist nicht nur, den Kindern alte Werte wie Vertrauen, Gerechtigkeit, Zusammenhalt, Intuition und das Vertrauen in die eigene Stärke durch Märchen zu vermitteln. Auch dem Erwachsenen will sie die Begegnung mit seinem "inneren Kind" ermöglichen. Traditionelle Werte sind mit der modernen, schnelllebigen Zeit in der wir heute Leben durchaus vereinbar. Dies zu erkennen ist nach Meinung von Sandra Baggeler nicht nur die Aufgabe der Kinder, insbesondere auch die der Eltern.

Ihrem Herzensimpuls nachgehend, hat sie ihre Erfahrung aus den verschiedenen Ausbildungen, in Form von Geschichten für Kinder in diesem Buch, integriert.

Tobias Schulze

Ulla Rother, 1958 in Köln geboren, hat an der FH in Düsseldorf ein Studium als Dipl. Schmuckdesignerin absolviert und beschäftigt sich seit 1986 überwiegend mit der Malerei. Inzwischen wurden ihre Bilder auf verschiedenen Ausstellungen vorgestellt.

Die Bilder von Ulla Rother sind sehr farbenfroh. Die Acryl-und Aquarellmalerei und der Umgang mit dem Zeichenstift lassen dabei Cartoons, Seelen-und Horoskopbilder und vieles mehr entstehen.
Durch ihre Werke bringt sie den Betrachter zum Nachdenken. In ihren Illustrationen wird der Kern der Geschichten intuitiv erfasst und die Seele der jeweiligen Person dargestellt. Man kann eintauchen und immer wieder etwas Neues entdecken.

In ihrer Malerei spiegelt sich ihre Lebensfreude, mit der sie zeichnet, wieder. Sie weiß um die heilende Energie und positive Kraft der Farben und findet dadurch den Zugang zum Herzen. Humor und gelebte Freude sind die wichtigsten Werte, um heilende Energien in Fluss zu bringen.

Diana Schulz

Najma Marcian

Tscharrkan und Lollebai
Eine Einweihungsgeschichte

Gebunden, ISBN 3-937883-01-0
Erscheinungstermin: Mai 2004

Diese Geschichte ist ein Geschenk der Hüter an die kleinen und großen Kinder der Erde, dem blauen Juwel im Weltall.

Die Hüter sind in diesem Fall Tscharrkan, die Wölfin und Lollebai, die Fee.

Schon in den ersten Zeilen ist man verzaubert von den beiden und sie nehmen uns durch ein Zeitfenster mit in das, was wir andere Dimensionen nennen.

Von den Hütern wird erbeten die Geschichte laut zu lesen, da in ihr ein Klangschlüssel enthalten ist. Durch die Melodie unserer Stimme können wir Räume betreten, deren Türen uns bislang verschlossen waren.

Es ist mehr als eine Einweihungsgeschichte. Die Schleier der Trennung heben sich und wir "Wissen".

Die Reise nach Hause kann beginnen. EL ON RA MA

EchnAton-Verlag

Najma Marcian

Sternenstaub

CD 72:66 min, ISBN 3-937883-02-9
Erscheinungstermin: Mai 2004

Begleitend zu dem Buch "Tscharrkan und Lollebai" von Najma Marcian erscheint die CD "Sternenstaub".

Ein kurzer Einleitungstext trägt uns, begleitend vom Rauschen der Meereswogen, zum Tanz und Gesang der Wale.

Die sanfte und doch gleichzeitig eindringliche Meditationsmusik, komponiert von Robert Kohlmeyer, berührt zutiefst.

EchnAton-Verlag

Kilian Bodhi Ameen

Meditations-CD`s

Dies sind 5 CD`s mit geführten Meditationen. Sie beinhalten Elemente aus dem alten schamanischen Weg und den Mysterienschulen.

Durch diese Meditationen erhält man die Möglichkeit, sich selbst auf eine neue Art und Weise kennen zu lernen, unbenutzte Quellen von Liebe, Kraft und Weisheit in sich selbst zu entdecken und damit einen positiven Einfluss auf das eigene Leben zu nehmen.

Die Verbindung zu Mutter Erde und Vater Himmel
ISBN 3-937883-03-7 - ab Juni 2004

Die Verbindung zum Inneren Kind
ISBN 3-937883-04-5 - ab Juni 2004

Die Reise zum Krafttier
ISBN 3-937883-05-3 - ab August 2004

Die Verbindung zum Höheren Selbst
ISBN 3-937883-06-1 - ab August 2004

Die Liebesgeschichte von Luzifer und Michael
ISBN 3-937883-07-X - ab August 2004

EchnAton-Verlag